LA FORCE
DU BOUDDHISME

W0217191

DÉJÀ PARUS

Kofi Yamgnane, *Droits, devoirs... et crocodile*, 1992.
Abbé Pierre, Bernard Kouchner, *Dieu et les Hommes*, 1993.
Martin Gray, *Vivre debout*, 1993.
Laurence Ink, *Il suffit d'y croire*, 1994.
Alexandre Minkowski, *Le Vieil Homme et l'amour*, 1994.

(Voir en fin de volume.)

AIDER LA VIE

collection dirigée par Robert Laffont

Apporter un réconfort ;
affirmer que la main tendue est la seule attitude qui vaille ;
communiquer une joie possible ;
aider les autres à trouver un sens à leur vie...
Aider la vie :
voilà le désir qui anime la collection qui porte ce titre.
Avec, pour moi, l'envie d'essayer d'apporter au public
quelque chose de plus, par la seule voie que je connaisse,
qui me convienne et que j'aime, le livre.
Une tâche que je persiste à ne pas croire utopique.
Car, comme je le disais en présentant le premier ouvrage
paru dans la collection,
si seulement quelques êtres retrouvaient, par la lecture,
le fil du chemin perdu, mon but serait atteint :
l'important, c'est bien ce partage-là.

R.L.

Sa Sainteté le Dalaï-Lama
et
Jean-Claude Carrière

LA FORCE DU BOUDDHISME

Mieux vivre
dans le monde d'aujourd'hui

ROBERT LAFFONT

© Éditions Robert Laffont, S.A., Paris, 1994
ISBN 2-221-07836-5

Circonstances

Ces conversations se sont déroulées à McLeod Ganj, près de Dharamsala, dans le nord de l'Inde, au mois de février 1994, et plus précisément dans le monastère de Thekchen Choeling, où demeure le Dalaï-Lama. Arrivé le 10 février, j'ai pu assister aux fêtes de la nouvelle année tibétaine, qui commence le 11 février vers cinq heures du matin. Je suis resté deux semaines à McLeod Ganj.

C'est à Laurent Laffont que revient l'idée de ce livre, comme l'organisation du voyage. J'avais rencontré le Dalaï-Lama à deux reprises, brièvement, au cours de ses deux derniers passages en France. J'entrai d'abord en contact avec les responsables du Bureau du Tibet à Paris, et grâce à eux tout se passa facilement. Quand je me rappelle ce voyage, en mettant à part le travail de préparation qui me fut évidemment nécessaire, et qui dura des mois, je garde le souvenir de journées très profondément agréables. En particulier l'atmosphère du monastère me parut à la fois sérieuse et souriante, sans aucune précipitation ni tension.

Avant le voyage, à la demande du Dalaï-Lama, j'ai écrit plusieurs lettres qui précisaient les thèmes que je désirais aborder et qui, tous, avaient trait, comme on s'en doute, au rôle possible du bouddhisme dans le monde d'aujourd'hui et à l'attirance de plus en plus forte qu'il exerce. Nous voulions parler du bouddhisme dans ses rapports avec notre vie de chaque jour, avec la politique, avec les autres religions ou traditions, en insistant particulièrement sur la violence, l'environnement et l'éducation. Je m'aperçus très vite, et d'ailleurs la doctrine le dit ainsi, que rien ne peut être séparé de tout le reste, que chacune de nos paroles était prise dans un filet de relations qui s'étendaient à l'infini. Impossible d'isoler tel ou tel sujet de l'ensemble de l'attitude bouddhiste. À vrai dire il me fallait parler de tout, en évitant d'entrer dans le détail complexe de l'enseignement, de la mythologie, du rituel.

Comme nous manquions de temps (d'ailleurs une vie y suffirait-elle ?), je proposai au Dalaï-Lama, dès notre premier entretien, sachant qu'il est un des hommes du monde les plus sollicités, de ne pas l'interroger sur ces points de doctrine, ou de pratique, qu'il a déjà développés dans plusieurs ouvrages, et de faire à ces livres, à l'occasion, quelques emprunts. Il accepta aussitôt, ce qui nous fit gagner beaucoup de temps.

Nous nous sommes revus une fois à Paris, au mois de septembre, pour préciser quelques détails.

Il apparut rapidement que le problème principal serait celui du niveau de lecture. À qui nous adresser ? Comme nous voulions l'un et l'autre éviter de n'intéresser que des spécialistes (ce que de toute manière je ne suis pas) et ouvrir ce livre au plus grand nombre, des arrêts dans le dialogue me parurent très vite indispensables.

On peut dire que mon interlocuteur connaissait admirablement les notions qu'il évoquait, que j'en avais quelque couleur, et que la plupart de nos lecteurs risquaient soit de les ignorer, soit de les comprendre d'une façon superficielle, c'est-à-dire fausse. Je pris donc la décision, en accord avec le Dalaï-Lama, d'interrompre nos entretiens chaque fois que je l'estimerais nécessaire pour préciser tel ou tel point, ce que je fis avec l'aide des ouvrages cités en fin de volume, étant bien entendu que l'ensemble du livre a été revu par le Dalaï-Lama et ses collaborateurs.

À ce propos, je tiens à remercier les responsables du Bureau du Tibet à Paris, Dawa Thondup et Wangpo Bashi. À McLeod Ganj, en plus des entretiens avec S. S. le Dalaï-Lama, j'ai pu préciser certains points avec son assistant et interprète Lhakdor, ainsi qu'avec Kelsang Gyaltsen, tous deux fort aimables et compétents. Je veux aussi remercier Nahal Tajadod, sinologue et spécialiste de l'histoire des religions de l'Asie centrale, dont l'aide et la présence m'ont été précieuses.

Nos entretiens se sont déroulés dans la salle d'audience de Thekchen Choeling. Ils duraient chaque fois près de trois heures. Nous parlions anglais, mais assez souvent le Dalaï-Lama passait brusquement au tibétain, et demandait alors à Lhakdor de me traduire ce qu'il venait de dire. J'enregistrais tout ce que nous disions et le soir je déchiffrais et transcrivais les dialogues de la journée.

C'est à Paris, dans les mois qui ont suivi mon retour, que j'ai écrit le livre. L'ordre général de nos discussions y est respecté, même si par moments j'ai cru devoir regrouper quelques thèmes et mieux articuler questions et réponses. S'agissant néanmoins d'une conversation, on ne s'étonnera pas d'y voir revenir certaines phrases. S'il m'a paru nécessaire de garder ces répétitions, c'est pour ne pas enlever au livre un certain désordre vivant, qui dessine un chemin sinueux, d'abord facile, et qui va peu à peu en s'élargissant dans tous les sens.

Nous ne désirions ni l'un ni l'autre publier un nouveau catéchisme. Nous voulions au contraire essayer d'établir un vrai dialogue, constamment ouvert et inattendu, nous entraînant dans des territoires ordinairement peu fréquentés. J'ai tenté de me garder aussi bien du respect paralysant que de l'irrespect inutile. S'il m'arrive de prendre assez souvent et assez longuement la parole, c'est parce que mon interlocuteur le sollicitait. Il m'interrogeait et — chose plus rare — il m'écoutait.

Il faut donc prendre ce livre pour ce qu'il est, une sorte de promenade à deux, ordonnée et désordonnée, très attentive, avec le meilleur compagnon possible, et non pas pour une étude ou un exposé. Je le répète, de nombreux points de doctrine sont à peine effleurés, l'extrême complexité spéculative du Mahâyâna n'y est qu'évoquée. L'essentiel m'a paru, à propos de quelques phénomènes humains qui nous agitent aujourd'hui comme hier, et parfois plus gravement qu'hier, d'écouter une voix qui parle simplement, en s'appuyant à chaque instant sur plus de vingt siècles de réflexion et d'expérience.

J.-C. C.

Celui qui interroge se trompe,
Celui qui répond se trompe.

Le Bouddha.

1

Ce monde où nous vivons

Je commence par la question que nous nous posons tous (ou presque) :

— Sommes-nous dans le Kali-Yuga ?

C'est-à-dire : vivons-nous au cœur d'une époque de destruction ? Est-ce que tout espoir est perdu ? Le Kali-Yuga, selon la tradition hindouiste, est en effet cette époque noire, qui commença il y a plus de trois mille ans, au lendemain de la mort de Krishna.

C'est la grande ténèbre, la fin de toute vertu, la disparition du *dharma*, c'est-à-dire de l'ordre correct du monde, le triomphe de l'ambition, de la fausseté, du commerce. Inutile de résister : tout doit disparaître. C'est ainsi. Un cycle s'achève dans la sécheresse, la famine, les batailles, les liens sociaux anéantis. Comme il est dit, déjà, dans le *Mahâbhârata*, voici le temps des hommes sans force, sans courage, et tous très durs. La terre, morte et chaude, devient alors la proie du feu. Tout se conclut dans une lente apocalypse. Après quoi le sommeil de Vishnu enveloppe le néant retrouvé et le dieu rêve aux beautés de ce monde, pour qu'elles ne soient pas oubliées. Plus tard, beaucoup plus tard, Brahmâ, le créateur, jaillira de son nombril et d'un seul coup un autre monde existera.

Assis tout près de moi, celui que tout le monde ici appelle Sa Sainteté, Tenzin Gyatso, le quatorzième Dalaï-Lama, me regarde et m'écoute.

Il est calme et très attentif.

Je complète ma question :

— Cependant une autre tradition, qui est je crois bouddhiste, affirme exactement le contraire. Nous vivons — sans le savoir — une époque de vertu, d'entraide, de meilleure observance des Écritures, une période appelée fortunée. Entre ces deux traditions, laquelle choisir ?

— Sans hésiter, la seconde.

— Pour quelles raisons ?

— J'en vois au moins trois. D'abord il me semble que le concept de guerre s'est récemment modifié. Au XXe siècle, jusqu'aux années soixante, soixante-dix, nous pensions encore que la décision finale et indiscutable venait d'une guerre. Il s'agit d'une loi très ancienne : le vainqueur a raison ; la victoire est le signe que Dieu, ou les dieux, sont de son côté. En conséquence, le vainqueur impose sa loi au vaincu, le plus souvent au moyen d'un traité, qui ne sera jamais qu'un prétexte à revanche. De là l'importance de l'armement, et surtout de l'armement nucléaire, élément central du Kali-Yuga. Cette course à la bombe a fait peser sur la terre une vraie menace d'anéantissement.

— Il vous semble que cette menace s'efface ?

— Oui, j'en suis persuadé. La guerre froide paraît éteinte. Les arsenaux nucléaires se réduisent. Qui s'en plaindrait ?

— On compte actuellement, en ce moment même où nous parlons, plus de cinquante guerres dans le monde.

Nous évoquons celles qui sont proches de nous, en Afghanistan, au Cachemire, les batailles entre musulmans et hindouistes sur le territoire indien, et d'autres luttes dont les journaux occidentaux ne parlent pour ainsi dire jamais, la guérilla du Manipur, ou celle qui oppose les travailleurs immigrés népalais aux forces du roi du Bhoutan.

Je lui dis le trouble profond que les guerres, « purifications » et pilonnages, en ex-Yougoslavie, ont apporté à l'Europe hésitante. De bonne foi, personne n'oserait prétendre que nous sommes moins cruels qu'autrefois.

— Je sais bien, me dit-il. Ces guerres locales sont très cruelles. Et mauvaises, évidemment. Toute guerre, petite ou grande, est négative. Elle révèle ce que nous avons de pire, et ne conduit qu'à de nouveaux conflits. Mais sous le danger nucléaire, aucun endroit n'est sauf sur la surface de la terre. Au moins, les petites guerres sont limitées. Ici, aujourd'hui, à Dharamsala, il me semble que nous sommes tranquilles.

Il sourit un instant et ajoute :

— Il est vrai que beaucoup de ces guerres ont surgi à cause de l'éloignement de la menace nucléaire.

— Vous avez d'autres raisons d'optimisme ?

— Oui. Voici la seconde : je crois, malgré certaines apparences, que la notion d'*ahimsâ*, de non-violence, marque des points. Au temps du Mahâtma Gandhi, un homme que je vénère, la non-violence passait le plus souvent pour une faiblesse, pour un refus d'agir, presque pour une lâcheté. Ce n'est plus le cas. Le choix de la non-violence est aujourd'hui un acte positif, qui évoque une vraie force. Regardez l'Afrique du Sud, et aussi ce qu'ont fait Arafat et Rabin. Pendant plusieurs décennies, Palestiniens et Israéliens n'ont vu, n'ont proclamé, n'ont utilisé que la force ; ils en sont maintenant à la négociation pacifique.

— Non sans de sérieuses réticences des deux côtés. Et cela va jusqu'à l'assassinat. Jusqu'au massacre public. Jusqu'à des chants d'extermination qu'on enseigne aux enfants, ici et là : prends ton fusil et va tuer l'autre.

— Bien sûr. Vous n'allez pas m'apprendre de quelles horreurs nous sommes capables. Mais l'exemple donné par les Palestiniens et le gouvernement juif est tout de même un bon exemple, bien reçu dans le reste du monde[1]. Et j'ai un autre sentiment. Je crois que, par l'effet même de la presse, des médias, de tout ce qu'on appelle la communication, les groupes religieux se visitent plus souvent, se connaissent mieux qu'autrefois.

— Cela n'est pas vrai pour certains pays musulmans, qui ont au contraire tendance à se refermer sur eux-mêmes, comme s'ils voulaient chasser toute influence de l'étranger, surtout si celui-ci est occidental. En Algérie, des groupes d'activistes vont jusqu'à tuer celui qui est étranger. Entreprise aussi absurde que sanglante, qui va contre l'esprit même du temps. Et qui fait naître d'autres groupes, radicalement à l'opposé, qui tuent ceux qui sont supposés tuer, et ainsi de suite, très vite.

— L'isolement n'est jamais bon pour un pays. Et il est devenu impraticable. Dans la première partie de ce siècle, le Tibet n'avait que très peu de contacts avec les autres peuples, avec les autres traditions, ce qui lui fut très dommageable. Le temps le laissait en arrière, ce qui nous valut un réveil brutal. Quant aux pays musulmans, même si certains maintiennent et même renfor-

1. En nous revoyant, au mois de septembre, nous avons mis l'accord entre l'IRA et le gouvernement anglais dans la liste des « bonnes nouvelles » — et les drames du Rwanda de l'autre côté.

cent leur fermeture, dans l'ensemble, si on regarde le monde entier, l'isolement perd du terrain. Depuis une vingtaine d'années, j'ai visité beaucoup de pays. On me dit, partout : nous nous connaissons mieux.

Sous la dynastie tolérante des Tang, du VIIe au Xe siècle, existait au nord-ouest de la Chine, à Dunhuang, dans la région de Turfân, un centre de recherches où les religions d'Asie centrale, le taoïsme, le bouddhisme, le nestorianisme, le manichéisme (ces deux dernières venues d'Iran), se rencontraient, échangeaient des textes, s'efforçaient de mieux se connaître.

— La règle, dis-je, était d'insister sur les points communs et de glisser sur les différences.

— Sans doute manquons-nous de tels centres, poursuit le Dalaï-Lama. Et il serait excellent d'en créer. Pour ma part, aussi souvent que possible, je rencontre d'autres chefs religieux, nous marchons ensemble, nous visitons tel ou tel lieu sacré, quelle que soit la tradition à laquelle il se rattache, et là nous méditons ensemble, nous partageons un moment de silence. J'en retire un très grand bien-être.

Au mois de mars, quelques semaines après notre entretien, il a visité Israël, où il a rencontré des juifs, des musulmans, des chrétiens, des Druses, même des Bahâ'is. Il a visité les églises chrétiennes, la mosquée d'Omar, le Mur des lamentations, d'autres sites. Il a aussi beaucoup parlé — mais séparément — avec des Palestiniens et des Israéliens, en faveur de la paix nécessaire. S'il estime que le fossé est encore profond, il affirme toutefois avoir perçu, de part et d'autre, d'excellentes « vibrations ».

— Je continue à croire, dit-il, que sur le terrain religieux, nous sommes en progrès par rapport au début de ce siècle.

— Beaucoup de commentateurs pensent le contraire. On entend partout parler, même dans le christianisme et l'hindouisme, de la montée des intégrismes religieux.

— C'est une montée réelle, et inquiétante, me dit-il. Certains veulent y voir une réaction aux vieilles terreurs des fins de millénaires.

— Ou quelque compensation secrète aux brisements des idéologies. Certains se demandent pour quelles raisons les espérances œcuméniques des années cinquante semblent avoir cédé la place à une parcellisation croissante des croyances. Partout les sectes prolifèrent, les différences s'exacerbent. L'année dernière, un illuminé américain a préféré mourir dans le feu avec ses adeptes, plutôt que de se rendre à la police.

J'ajoute un exemple personnel :

— Je me trouvais en décembre 1993 à Bombay, assistant à une série de conférences données par des spécialistes français. Il s'agissait de l'histoire du zoroastrisme, religion qui fut autrefois celle de l'Iran, aujourd'hui représentée par environ quatre-vingt mille personnes, habitant pour la plupart le Mahârâshtra, en Inde.

— Oui, les parsis. Je les connais.

— Une des conférences portait sur les influences subies par le zoroastrisme lors de son exil vers la Chine, après l'invasion de l'Iran par les Arabes au VIIe siècle. Une de ces influences fut exercée par le manichéisme, autre religion déjà exilée. Les deux traditions, pour s'adapter à de nouveaux territoires fortement pénétrés par le bouddhisme, furent obligées d'adopter un vocabulaire et certaines notions bouddhistes.

— C'est souvent le cas.

— Il s'agissait d'une étude purement linguistique, reposant sur les inscriptions de ce temps-là. À la fin de la conférence, on vit se dresser un homme assez corpulent, au physique d'homme d'affaires, qui déclara hautement, dans un excellent anglais, que le zoroastrisme n'avait pu se déformer ni subir aucune influence, que de toute manière Ahura Mazdâ était le seul vrai dieu, et Zoroastre le seul prophète. Proclamations qui s'accompagnaient de quelques considérations raciales et politiques, comme par exemple : nous sommes les seuls vrais Aryens. J'étais stupéfait. Je venais de découvrir, aujourd'hui, un fondamentaliste zoroastrien. Je ne savais que répondre à cet homme.

Le Dalaï-Lama se penche légèrement vers moi et me demande :

— Quel pourcentage de parsis représentait-il ?

— D'après ce qu'on m'a dit, environ huit pour cent.

— Eh bien, quatre-vingt-douze pour cent est la réponse !

Il rit pour la première fois : un rire direct, spontané, qui reviendra souvent. On dirait un autre personnage qui l'habite secrètement, et qui soudain se manifeste.

Puis il ajoute :

— L'humanité est ainsi. Elle a toujours été ainsi. Ne touchons pas à cet homme irrité. Laissons-le en paix. Et si la majorité des parsis refuse de le suivre, disons simplement : tant mieux.

— Le bouddhisme est protégé de l'intégrisme ?

— Les principes mêmes du bouddhisme sont à l'opposé du fondamentalisme. Ils disent au contraire qu'un grand flot nous emporte, que rien n'est stable pour toujours. Il n'empêche qu'en ce moment, en Angleterre, un lama de bonne formation se comporte comme un véritable chef de secte.

— Un lama intégriste ?

— En tout cas, il interdit tous mes ouvrages, tout contact avec moi, toute image du Dalaï-Lama. Il m'accuse de ceci et de cela. Ses fidèles, quelques milliers, n'ont le droit que de lire ses livres, que d'afficher et de vénérer sa photographie. Et ainsi de suite. Mais que voulez-vous ? C'est humain. Nous sommes tous semblables, et tous différents. Si la différence l'emporte, chacun peut ainsi découvrir son petit territoire de vérité, et s'y accrocher à toute force.

— Parfois jusqu'à la mort, la sienne ou celle des autres.

— Mais oui. Nous sommes ainsi. À cela s'ajoute le goût du pouvoir, inlassablement corrupteur.

Je lui dis que nous connaissons le même phénomène dans d'autres cercles, que l'histoire de l'art et de l'esthétique rappelle l'histoire des religions : mêmes proclamations, exclusions, chapelles, illuminés.

— Par exemple, quand un film sort, ou un livre, ou une pièce de théâtre, il arrive que nous sachions à l'avance ce que va écrire tel ou tel critique. Inutile de lire son article, qu'il soit favorable ou hostile. Cet article n'a pas été commandé par l'œuvre elle-même, mais par la personne même de celui, de celle qui l'a écrit. Et cela souvent à son insu.

Il dit encore une fois, calmement :

— Oui. L'humanité est ainsi.

— Il me semble que le bouddhisme offre une voie différente, une forme particulière de tolérance. Peut-il, plus facilement que d'autres traditions, s'adapter à l'évolution des temps et des mœurs ? Peut-il aussi offrir un secours à des hommes et des femmes moins bien préparés que d'autres, moins cultivés, moins intelligents ?

Il réfléchit assez longuement avant de répondre.

Nous sommes confortablement assis autour d'une assez grande table basse, dans la pièce claire où il reçoit, chaque jour, des visiteurs venus du monde entier. En face de moi, une effigie du Bouddha Çâkyamuni, entourée d'autres images et de statuettes, dont certaines ont pu être sauvées du Tibet, lors du dramatique départ de 1959. Parmi ces statuettes, celle de Padmasambhava, le grand prédicateur cachemirien qui fut le véritable apôtre du bouddhisme au Tibet, au VIIIe siècle de notre ère.

Au centre de la pièce, un poêle. À l'extérieur, par les fenêtres, des arbres, les sommets enneigés des premières chaînes de l'Himâlaya. Souvent, des cris de corbeaux. Le Dalaï-Lama est toujours en compagnie de deux assistants dont l'un, Lhakdor, fait office d'interprète quand soudain mon interlocuteur passe de l'anglais au tibétain.

Au début de chaque rencontre le Dalaï-Lama défait ses lacets, ôte ses chaussures et s'assied en lotus sur son fauteuil. Il porte, comme Lhakdor, la simple robe rouge des moines, des *bhiksus*, vêtement qui laisse à nu le bras droit.

Après plus d'une heure d'entretien, chaque jour, un autre moine souriant nous apporte le thé, sur un plateau. Plus tard, quand le Dalaï-Lama remet ses chaussures, il est clair que la conversation va prendre fin. Tout est calme et chaleureux. Aucune tension n'est perceptible. En effet, les guerres qui secouent le monde ne portent pas d'échos jusqu'ici.

— Dans le bouddhisme, me dit-il, tout est souvent une question de niveau, ou d'angle d'approche. Toute affirmation générale et définitive nous semble dangereuse, probablement fausse. Vous me demandez : est-ce que le bouddhisme, en cette fin de siècle, peut offrir un asile à tous ? Cela dépend de votre attitude et de vos besoins. En tout cas, il faut distinguer : être dans la structure, ou en dehors de la structure.

— Être dans la structure, c'est appartenir à une communauté bouddhiste ?

— Exactement. Appartenir à la *sangha*, accepter une étude et une discipline particulières.

— C'est possible pour tout le monde ? Et pas seulement en Asie ?

— Bien sûr. À la différence de l'hindouisme, le bouddhisme a toujours eu vocation d'universalité. Il s'est opposé aux dieux protecteurs d'un seul peuple, dieux dont le pouvoir s'arrêterait à certaines frontières. Le bouddhisme s'adresse à toutes les femmes, à tous les hommes, à tous les êtres. Mais attention : pas au même niveau, pas de la même manière. Ceux qui désirent adhérer à la *sangha* doivent agir avec grande prudence. Il s'agit d'une décision très grave, qui engage une vie, et même plusieurs vies. On ne renonce pas impunément à son passé, à ses racines. Et de toute façon nous ne faisons rien pour convertir. Ce n'est pas notre but.

— La notion même de mission apostolique, de ces vastes opérations de conversion, si rondement menées au XIXe siècle, et même encore au XXe, semble en voie de disparition.

— Il ne faut surtout pas s'en plaindre.

— Et le deuxième niveau ?

— Le deuxième niveau est accessible à tous. Des leçons, des enseignements de toutes sortes peuvent être tirés du bouddhisme sans que cela demande une adhésion complète. On peut y apprendre en effet la tolérance, sans laquelle aucune vie n'est supportable, et aussi le chemin de la paix de l'esprit, qui est indispensable à toute action juste. Cette paix de l'esprit est au centre de nos recherches. Elle commande notre attitude à l'égard du monde dont nous faisons partie, à l'égard de nos voisins, et aussi de nos ennemis.

— Il existe des techniques pour y parvenir ?

— Bien sûr. La principale est la méditation, qui est au cœur de notre pratique et fait partie de notre enseignement.

— Nous savons tous qu'un moment de réflexion tranquille peut nous aider à résoudre un problème qui paraissait sans solution. Et cela vaut pour le travail en groupe. Quelques minutes de silence commun apportent plus de cohésion que des heures d'agitation. Mais dans la préparation d'un spectacle, on ne peut pas se contenter de méditer. Il faut passer au jeu, à l'improvisation, à l'expression de la vitalité.

— C'est vrai partout.

Il ajoute en souriant :

— Il faut méditer et jouer, tout à la fois ! Et tous ensemble ! Et aussi manger ! Tant de choses nous sont communes ! L'eau, l'oxygène !

Il cesse de rire et réfléchit un instant avant d'ajouter :

— Une des choses que la méditation nous apprend, lorsque nous descendons lentement en nous-mêmes, c'est que le sentiment de paix existe en nous. Nous en avons tous le désir profond, même s'il est souvent caché, masqué, contrarié. Les bouddhistes croient que la nature humaine, si nous l'examinons très attentivement, est bonne, bien disposée, serviable. Et il me semble, toujours pour répondre à votre première question, qu'aujourd'hui cet esprit d'harmonie grandit, que notre désir de vivre ensemble calmement est de plus en plus fort, et de plus en plus partagé.

— L'Occident, en cette fin de siècle, constate plutôt une faillite. Un grand espoir s'était levé il y a deux ou trois siècles, au début de cette époque que nous appelons les Temps modernes. Des philosophes, comme Rousseau et d'autres, proclamaient eux aussi la bonté, l'innocence de la nature humaine. Ils en attribuaient la corruption à la vie en société. Cette corruption que les bouddhistes appellent « contamination ».

— Pour d'autres raisons.

— Ils ont cru, et affirmé, qu'en changeant les conditions de la vie en société — par des réformes, des lois, des révolutions si nécessaire — ils redonneraient à la nature humaine ses qualités premières et conduiraient les hommes à une vie meilleure, et même au bonheur. Plus de deux siècles ont passé. D'immenses luttes sociales et politiques ont permis, sans conteste, d'améliorer considérablement nos rapports légaux, juridiques, notre longévité moyenne, notre niveau de vie. En principe, dans nos démocraties, chacun a maintenant sa chance. L'État s'est séparé du pouvoir religieux, et la justice du pouvoir politique. Cela ne va pas sans aspérités, nous connaissons en ce moment une crise économique tenace, mais dans l'ensemble nous vivons mieux, nettement mieux qu'autrefois.

— Sans aucun doute.

— Et pourtant la nature humaine ne semble pas avoir changé d'un poil.

— Elle est peut-être mieux connue.

— Peut-être. Et mieux maintenue par des règlements. Mais à la première occasion elle se révèle la même. Les religions ont perdu, au moins chez nous, toute prépondérance, les idéologies politiques se sont pour le moins détériorées. Mais le bonheur est encore loin et nous sommes, en fin de compte, strictement, et tristement, les mêmes.

Là aussi, il réfléchit. J'ajoute que, sur ce désarroi, les anathèmes racistes et les intégrismes de toute farine trouvent un beau territoire fertile, et que de l'autre côté, dès que s'effondre une idéologie, on voit surgir et s'imposer le culte exclusif de l'argent.

— Quiconque exclut les autres se trouvera exclu à son tour, me dit-il. Toute querelle est folle. Celui qui affirme que son dieu est le seul dieu commet une action dangereuse, néfaste, car il est sur le chemin d'imposer sa croyance à autrui, par tous les moyens.

— Et de se proclamer le peuple élu.

— Ce qui est la pire des choses.

— La démocratie, telle que nous la connaissons, croyait avoir établi une barrière très résistante en mettant en pratique l'idée — très importante — de séparation.

— Si vous faites allusion à la séparation de l'Église et de l'État, elle me paraît un excellent principe.

— Vous êtes pourtant l'exemple contraire, vous qui réunissez tous les pouvoirs entre vos mains.

— Non. La notion même de pouvoir est très différente. Le titre même, l'institution du Dalaï-Lama peut disparaître du jour au lendemain. Elle n'est pas établie pour toujours par quelque force extérieure aux hommes et à la terre. Il n'y a pas de contradiction entre bouddhisme et démocratie.

— L'autre séparation, lui dis-je, vous la connaissez. C'est celle qui définit et qui sépare les pouvoirs à l'intérieur même de l'État. On a pu dire que la décision de faire de la justice un pouvoir, un vrai pouvoir, fut un coup de génie de l'Occident. Même si cette séparation des pouvoirs suscite des frictions multiples.

— Pour en revenir à l'intégrisme, me dit-il, au fractionnement des croyances, à l'autoproclamation des

« peuples élus », c'est une des raisons, sans doute, pour lesquelles le bouddhisme s'est toujours gardé d'affirmer l'existence et l'omnipotence d'un dieu créateur. Quand on l'interrogeait sur ce point, et sur quelques autres, le Bouddha Çâkyamuni gardait le silence.

— N'a-t-il pas dit que nous devons éviter de « courtiser des dieux étranges » ?

— Il l'a dit. Et toutes les écoles bouddhistes s'accordent aujourd'hui sur ce point. Ce qui d'ailleurs ne signifie pas que nous avons rationalisé nos croyances, au sens que vous donnez à ce mot.

— C'est-à-dire ?

— Eh bien, nous reconnaissons l'existence d'êtres supérieurs, en tout cas d'un certain état supérieur de l'être, nous croyons aux oracles, aux présages, aux interprétations des songes, à la réincarnation. Mais ces croyances, qui pour nous sont des certitudes, nous n'essayons en aucune manière de les imposer aux autres. Je le répète : nous ne voulons pas convertir. Le bouddhisme s'attache avant tout aux faits. Il est une expérience, et même une expérience personnelle. Rappelez-vous la très célèbre parole de Çâkyamuni : « Attendez tout de vous-mêmes. »

Nous évoquons un instant la haute figure de l'Éveillé, et sa recommandation qui a traversé vingt-cinq siècles : « Comme on éprouve l'or en le frottant, en le coupant et en le fondant, ainsi jugez de ma parole. Si vous l'acceptez, que ce ne soit pas par simple respect. »

Nous parlons alors de l'agressivité, de Konrad Lorenz et de quelques autres. D'un long et patient travail sur le comportement animal, peut-on extrapoler ? Peut-on dire que l'agressivité est un constituant de notre nature ? Je rappelle que cette notion est souvent présentée comme une force positive, comme un élément de survie, même au niveau de l'espèce, peut-être. Sans elle, peut-être aurions-nous disparu.

— L'agressivité fait intimement partie de nous-mêmes, dit-il. C'est bien pour cela qu'il faut lutter.

Dans un autre livre[1], le Dalaï-Lama a parlé de certains des drames qui ont ensanglanté l'Asie au XXe siècle, et particulièrement l'Asie bouddhiste, de Pol Pot au Cambodge à Sukhe Bator en Mongolie.

— Des hommes élevés dans un environnement strictement non violent, me dit-il, ont pu devenir les plus affreux des massacreurs. Preuve que l'agressivité la plus insensée continue de vivre au fond de nous-mêmes. Aucun doute là-dessus.

Il confirme ses paroles avec un geste précis des deux mains. Il ajoute aussitôt :

— Mais notre vraie nature est calme. C'est pour cela que Çâkyamuni nous recommande de chercher très profondément en nous-mêmes : parce que nous y trouverons en définitive le désir de paix. Nous savons tous que l'esprit humain est agité, soumis à des soubresauts qui font peur. Mais cette agitation n'est pas la force dominante. Il est possible et nécessaire de la maîtriser. Dans votre occupation, lorsque vous imaginez des histoires, des scènes, n'avez-vous pas besoin de calme ?

— J'ai besoin de calme et d'agitation.

— En même temps ?

— Presque en même temps.

— Une certaine agitation est nécessaire à l'invention ?

1. *Ainsi parle le Dalaï-Lama*, entretiens avec Claude B. Levenson, Balland, 1990.

— Beaucoup d'écrivains du XXe siècle ont aimé travailler par exemple dans des cafés, dans le bruit et le mouvement, au contact de la vie diverse. Le garçon passe, il est bousculé, il renverse une tasse de thé : cet incident peut porter une idée, qui sans cela dormirait à jamais. Après quoi, bien sûr, de longs moments de tranquillité et de réflexion sont nécessaires. Le calme juge l'agitation. À vrai dire, chacun trouve son cadre, son rythme, sa manière. Pas de règle absolue.

— Il vous faut donc un va-et-vient ?

— En quelque sorte. Tout commence sur notre petit théâtre intérieur, où apparaissent des personnages. Nous sommes à la fois acteurs et spectateurs. Et aussi critiques, déjà. De temps en temps, il faut se jeter tout entier dans la scène, presque à l'aveuglette. À d'autres moments il faut s'en éloigner, la regarder de loin, comme si un autre l'avait écrite.

Il m'écoute et me regarde en hochant doucement la tête. J'ajoute que, comme scénariste, comme auteur, il m'est impossible de vivre en permanence dans les bons sentiments. Je dois chercher en moi le vicieux et le criminel. Comme le disait Luis Buñuel, le bon scénariste doit chaque jour tuer son père, violer sa mère et trahir sa patrie. Dans son travail, le péché d'intention n'existe pas, et quand il cherche au fond de lui-même, ce n'est pas le calme qu'il trouve, c'est au contraire le tumulte, la compétition, la violence, le sang, souvent. Il est, par nécessité, un inventeur de crimes.

— Au moins il ne les commet pas.

— Certains disent qu'il incite les spectateurs à les commettre.

— Je connais cette question, me dit-il. Il n'est pas simple d'y répondre. Je vous étonnerai peut-être, mais je ne suis pas rigoureusement opposé au spectacle de la violence et du crime. Tout dépend des leçons qu'on en tire.

Il précise en souriant qu'au cœur même de la tradition bouddhiste, l'attitude constamment recommandée dans nos rapports avec une réalité souvent qualifiée de « relative » (« Connaissez la souffrance bien qu'il n'y ait rien à connaître... ») ressemble beaucoup à un *jeu.* Obligé, par sa condition même, de vivre dans un monde dont la réalité n'est pas certifiée et qui n'est peut-être qu'une illusion, l'homme est ainsi comme un acteur qui s'identifie, au moins apparemment, à un rôle, passager comme tous les rôles.

Le Dalaï-Lama, malgré nos digressions, suit un plan très ferme. Il me donne une troisième raison d'optimisme :

— Quand je rencontre des jeunes, surtout en Europe, je crois aussi que le concept de l'*humanité comme une* est beaucoup plus fort aujourd'hui qu'hier. Vous le savez, c'est un sentiment nouveau, qui n'existait que très rarement dans le passé. L'autre était le barbare, le différent.

— Celui qu'on ne peut pas reconnaître comme semblable.

— Exactement. Et je vois que cette réaction de méfiance et d'hostilité lentement s'efface. Nous accordons de moins en moins d'importance aux nationalités, aux frontières. L'unification d'une bonne partie de l'Europe, la disparition, par exemple, des atroces batailles entre Français et Allemands, la multiplication des mariages entre femmes et hommes de différents pays, de différentes langues et cultures, tout cela me paraît positif. Une vue globale des choses se développe, vous ne trouvez pas ?

Ce qu'il dit est indiscutable. Pourtant, comment ne pas évoquer nos inquiétudes persistantes, tous les paradoxes qui nous attaquent ? Jamais nous n'avons fabriqué autant de biens, et la misère est à nos portes. Jamais nous n'avons aussi frénétiquement multiplié notre espèce, et les déserts gagnent chaque jour du terrain. Jamais nous n'avons paru nous approcher d'aussi près de l'âge d'or, de l'oisiveté harmonieuse, et le manque de travail devient notre premier fléau. Jamais nous n'avons étalé aussi largement nos corps dénudés et nos unions baptisées libres, et jamais la mort ne fut aussi proche du sexe. Jamais nous n'avons inventé d'aussi prodigieuses techniques pour entrer en contact les uns avec les autres, et jamais la solitude ne trouva d'accents plus amers.

Et ainsi de suite. La liste est longue. Chacun peut y apporter sa crainte. Là encore, avec la même conviction, la même persévérance, le Dalaï-Lama répond :

— Tout cela est vrai. Mais rien ne peut se régler soudainement, comme par magie. Il faut du temps, il faut un lent cheminement dans les esprits. Regardez par exemple : les habitants de la Terre, dans la première partie de ce siècle, n'avaient aucun sens de responsabilité à l'égard de leur planète. Des usines couvraient peu à peu le sol, surtout en Occident, déversant leurs déchets dans tous les éléments. Personne, étrangement, n'y prenait garde.

— On commence à étudier cet aveuglement historique.

— Qui avait pour résultat, poursuit-il, une vague massive d'extinction des espèces, la plus terrible que nous ayons connue en soixante-cinq millions d'années. Ce qui pour un bouddhiste est une parfaite abomination.

— L'extinction continue de plus belle.

— Je le sais. Mais au moins aujourd'hui avons-nous pris quelque conscience de ce danger. On a même vu naître des partis politiques, qui s'appellent souvent les *Verts*, dont le programme repose sur la défense de l'environnement. Il y a trente ou quarante ans, ce premier pas était inconcevable. Autre chose : je rencontre de plus en plus souvent des groupes d'hommes d'affaires qui naguère, vous vous en doutez, ne manifestaient aucun intérêt pour le bouddhisme, et qui viennent aujourd'hui nous trouver, nous interroger. Ils montrent un intérêt très aiguisé pour nos valeurs. Ils recherchent même des endroits où se réunir, où faire retraite, pour mener sous notre conduite une vie spirituelle, au moins pendant une semaine ou deux.

— N'est-ce pas trop tard ?

— J'espère que non. Et de toute manière il vaut mieux ça que rien. Nous courons toujours un risque majeur : celui de perdre nos rapports avec le reste de l'univers. Nous devons tout faire pour les garder, et même pour les renforcer.

— On peut quelquefois se donner bonne conscience, en une semaine ou deux de retraite, et se relancer, tout de suite après, dans une exploitation forcenée de la terre.

— Je sais bien.

— Aurions-nous besoin d'un éveil ?

Il sourit en me répondant :

— C'est le mot. C'est exactement le mot.

2

Éducation et contamination

Lorsque le prince Siddhârta, âgé de vingt-neuf ans, déjà marié et père de famille, quitta le palais splendide où il vivait depuis sa naissance, entouré de fleurs, de parfums, d'hommes et de femmes soigneusement choisis par son père pour leur jeunesse et leur beauté, et s'avança dans les rues de la ville, appelée Kapilavastu, il rencontra d'abord un vieillard brisé par l'âge, puis un homme mordu par la peste noire, puis un cadavre qu'on menait au bûcher.

Ces trois rencontres — une scène décisive dans l'histoire du monde —, la révélation soudaine de la vieillesse, de la maladie et de la mort, calamités communes à tous, entraînèrent peu de temps plus tard le départ du prince. Intrigué par la rencontre qu'il fit d'un religieux mendiant sa nourriture, Siddhârta Gautama quitta secrètement son palais, sa famille et les obligations royales qui l'attendaient. Il décida de consacrer toutes les forces de sa vie à chercher une nouvelle lumière, jusque-là inconnue, qui permettrait aux humains de se délivrer de la souffrance.

La souffrance est la révélation du bouddhisme. Souffrance physique, bien sûr, mais aussi souffrance morale, sentiment d'impuissance, de frustration, d'inutilité dans ce monde. Souffrir, pour le Bouddha, « c'est naître, vieillir, tomber malade, être uni à ce qu'on n'aime pas, être séparé de ce qu'on aime, ne pas réaliser son désir ».

Pour chercher un remède à cette souffrance essentielle qu'on appelle en sanscrit *dukha*, Siddhârta parcourut une partie de l'Inde, interrogea des hommes réputés sages, passa six ans dans la montagne, réduit à un ascétisme extrême. Tout cela vainement.

Ce fut en lui-même qu'il trouva la réponse, assis sur une touffe d'herbe, au pied d'un figuier. Ce monde qui vieillit et qui meurt, puis qui renaît pour vieillir et mourir encore, est misérable. Ce fut la première vérité. Cherchant la cause de cette misère — le bouddhisme, dès le premier instant, s'affirme comme une recherche des faits et des causes qui sont à l'origine de ces faits —, il trouva la naissance, et le désir de naissance : « À l'origine de cette douleur universelle est la soif d'exister, la soif de plaisirs qu'éprouvent les cinq sens extérieurs et le sens intérieur, et même la soif de mourir[1]. »

La souffrance vient donc du désir. Ce fut la deuxième vérité. Ce désir est comme un feu, qui enflamme celui qui désire. Tout est en feu, dit encore le Bouddha, l'œil est en feu, ce qu'il voit est en feu, ce que l'oreille entend est en feu, tout ce qui touche les sens est en feu. L'illusion nous dévore comme une flamme permanente. Et ce feu de la vie, allumé par la convoitise, par la colère et par l'ignorance, doit être éteint.

Plus tard, Siddhârta Gautama, devenu le Bouddha, c'est-à-dire l'Éveillé, compléta ces deux vérités par deux autres enseignements. Il est possible, dit-il

---

1. Traduction empruntée à l'ouvrage de Maurice Percheron, *le Bouddha et le bouddhisme*, Le Seuil, « Maîtres spirituels », 1974.

d'éteindre ce feu et de parvenir ainsi à la cessation de toute souffrance. Enfin, quatrième révélation, il existe une voie précise pour parvenir à cette cessation. Et il précisa cette voie.

L'ensemble constitue les « quatre nobles vérités », qui sont le point de départ, le fondement même de toute la recherche bouddhiste.

Cet éveil incomparable, cette révélation tirée de l'intérieur de soi-même (et non pas reçue de quelque intervention divine ou angélique) par un homme dont l'intelligence et la ténacité nous apparaissent aujourd'hui prodigieuses (même si les récits de sa vie sont tout parfumés de légendes, personne ne semble mettre en doute son existence historique et l'authenticité de sa longue prédication), cette révélation suppose que tous les autres hommes auxquels le Bouddha, pendant quarante-cinq ans, va délivrer son enseignement, que tous ces hommes vivent dans l'ignorance et par conséquent dans la souffrance. Même si nous nous croyons heureux, même si nous chantons à tue-tête que la vie est belle, même si nous croyons savoir quelque chose du monde, même si nous avons appris de tel ou tel maître, même si nous apprenons aux autres, aussi longtemps que l'éveil intérieur, fruit d'une expérience strictement personnelle, ne nous sera pas accordé, nous vivrons dans l'ignorance. Elle est notre nature et notre prison. Tout doit être fait pour la détruire.

Si l'Éveil lui-même, par définition, ne peut être enseigné, le chemin qui peut y conduire doit nous être montré. C'est pourquoi, tout au long de l'histoire du bouddhisme, l'enseignement occupe une place décisive, centrale. Aujourd'hui, à Dharamsala, les Tibétains sont fiers de leurs écoles, à juste titre, et les font visiter. Le Dalaï-Lama a soigneusement veillé à la création d'une université tibétaine. D'un côté, les moines donnent à des élèves, venus de partout, un enseignement bouddhiste. D'un autre côté, le Dalaï-Lama lui-même se tient au courant de la recherche scientifique contemporaine, il est même avide d'informations. Il dit qu'il apprend chaque jour.

Une légère contradiction pourrait nous apparaître ici : la nature humaine est bonne, elle est pourtant soumise à l'ignorance et misérable, sans avoir rien fait pour le mériter. Pour un bouddhiste, cette contradiction n'en est pas une. Elle est l'expression même de notre condition. À nous de nous en sortir.

Modérant quelque peu son optimisme, le Dalaï-Lama admet maintenant que nous traversons une période critique, et même très critique. Et il insiste sur l'éducation.

— Tout notre système d'éducation est en crise. Il lui est impossible de s'adapter. À vrai dire, cette crise s'étend à l'activité industrielle, à la politique. Tout paraît échapper à notre pensée, et par conséquent à notre contrôle.

— Comment réagir ?

— Comme toujours, de deux manières. Nous pouvons nous laisser aller au découragement, et très vite à l'égoïsme. Nous pouvons nous dire : tout est perdu, les temps se durcissent, le monde ne sait plus où il va, c'est en effet le Kali-Yuga qui l'emporte. Alors retirons-nous dans notre coin, profitons du petit bien que nous pouvons avoir amassé, oublions le reste, et nous verrons bien.

— Je connais des gens qui vivent ainsi.

— Oh, moi aussi ! dit-il en riant.

— Et l'autre attitude ?

— C'est une prise de conscience très simple et un engagement précis. Conscience de notre condition, des mille dangers qui nous enserrent. Engagement clair à nous en sortir. Attitude qui me paraît aujourd'hui plus nécessaire que jamais. Les êtres humains doivent s'éveiller.

— Qu'est-ce qu'ils attendent ?

— Rien ne se fera brutalement, me répond-il. Les vrais changements sont lents et invisibles. Par exemple, il me semble que l'attirance nouvelle qu'éprouve l'Occident à l'égard du bouddhisme, depuis quelques années, tient à deux notions particulières, qui n'ont rien de spectaculaire, mais qui sont très profondément ressenties. La première est l'*ahimsa*, la non-violence, qui s'installe peu à peu comme une force. La seconde est cette notion d'*interdépendance*, anciennement inscrite dans la pensée bouddhiste.

— Et qui se rattache à nos soucis écologiques ?

— Directement.

Le concept d'une existence indépendante des êtres vivants et des choses, depuis l'origine, depuis les paroles mêmes du fondateur, a toujours été rejeté par la quasi-unanimité des écoles bouddhiques. Rien n'existe séparément. Tout, au contraire, est relié à tout. Tout se tient, dans l'immense filet d'Indra, le roi des dieux dans la mythologie hindoue.

Cette interdépendance de toutes choses — y compris de notre regard sur les choses — est la première surprise qui nous attend sur le chemin bouddhiste. Elle va directement à l'encontre de tout ce que nous croyons savoir, d'une vision analytique du monde, divisé en objets séparés : ma main, le stylo qu'elle tient, le papier sur lequel j'écris, la table où est posé le papier, la maison dans laquelle se trouve la table... Aucun de ces objets, nous répète inlassablement le bouddhisme, n'a d'existence séparée, ne peut être considéré *en soi*.

L'interdépendance, qui porte en sanscrit le nom de *pratîtya-samutpâda*, a été enseignée par le Bouddha lui-même, plus particulièrement dans l'*Avatamsaka-Sûtra*. Impossible, nous dit ce sûtra, de trouver un objet qui soit sans rapport avec tous les autres. Un maître contemporain du zen, Thich Nhat Hanh, dans un recueil de textes récents[1], prend comme exemple une feuille de papier. Sans même parler du stylo et de l'encre, tout a un rapport avec cette feuille de papier. Elle est faite d'éléments non-papier. Si nous renvoyons tous ces éléments à leur source, la fibre au bois, le bois à la forêt, la forêt au bûcheron, le bûcheron à son père et à sa mère, et ainsi de suite, nous constatons qu'en réalité la feuille de papier est vide. Elle n'a pas de soi séparé. Elle est faite de tous les éléments non-soi, non-papier. Si on les enlève, la feuille est vide d'un soi — on pourrait dire d'un être — indépendant.

Thich Nhat Hanh ajoute : « Vide, dans ce sens, signifie que le papier est rempli de toutes choses, de tout le cosmos. »

Ce qui vaut pour une feuille de papier vaut bien entendu pour un individu. Nous sommes faits d'éléments non-individu. Le maître zen, logiquement, nous dit alors que lorsque l'un d'entre nous médite, il ne se sépare en aucune façon du reste du monde. La souffrance qu'il transporte dans son cœur, c'est la société elle-même. Quand il médite, il le fait pour tous les êtres. Il le fait même pour toutes les choses qui sont

1. *Pour comprendre le bouddhisme, une initiation à travers les textes essentiels*, rassemblés et commentés par Samuel Bercholz et Sherab Chödzin Kohn, Paris, Robert Laffont, 1993.

incapables de méditer. Nous sommes ici, dans cet écho d'une parole ancienne, au cœur même de l'écologie d'aujourd'hui.

— Aucune espèce, me dit le Dalaï-Lama, l'espèce humaine, pas plus qu'une autre, ne peut se situer en dehors du monde, en dehors de la roue de l'univers. Nous sommes une des dents de cette roue.

— Une roue qui grince de plus en plus fort.

Je lui rappelle les plaintes de Bhûmi, la terre, dans le *Mahâbhârata* : « Chaque jour je suis piétinée par les pas d'hommes arrogants... Je suis blessée, je souffre et je me demande : demain, que vont-ils encore me faire ? »

Il m'approuve en hochant la tête. Il connaît Bhûmi et ses craintes. Je lui apprends que je fus sans doute un des premiers, en France, à publier un livre sur ce qu'on appelle à tort l'environnement[1] (à tort, car le mot semble indiquer que nous sommes au milieu des choses, entourés par elles, alors qu'en vérité nous en faisons partie). Nous sommes sur un terrain qui nous intéresse tous les deux, même si nous l'abordons chacun à sa manière.

— Vous avez dit que nous traversons une crise, vous avez même dit que le temps presse. Êtes-vous sensible à l'explosion démographique que connaît le XXe siècle ?

— Très sensible. C'est un problème d'une extrême importance.

— Peut-être le problème numéro un.

— Oui. Je le crois.

Nous évoquons l'énorme bond démographique dans les cinquante dernières années.

— Depuis 1987, me dit-il, la population sur terre a passé les cinq milliards. Sept ou huit cents millions s'y

1. *Le Pari*, Robert Laffont, 1973.

sont rajoutés depuis cette date. Dans moins de trente ans, ce chiffre global peut avoir doublé.

J'ajoute qu'une prévision très précise de l'UNESCO, publiée en 1992, fait apparaître des progressions spectaculaires. La Chine et l'Inde atteindront le milliard et demi d'habitants. Le Nigeria deviendra le troisième pays le plus peuplé du monde. En ce moment, la population mondiale s'accroît de plus de quatre-vingt-dix millions d'individus par an. Un Mexique tous les douze mois.

Je lui demande :

— Que faire ?

— D'abord, me dit-il, il faut informer clairement, sans hypocrisie, sans parti pris. Il faut dire : six milliards d'habitants, c'est trop. Moralement, c'est une grave erreur, à cause de la distorsion aggravée entre pays riches et pays pauvres. Et, pratiquement, c'est dramatique.

— Les sept milliards sont pour demain, et ainsi de suite. Pour freiner sensiblement une progression démographique, il faut au moins soixante ans d'efforts continus.

— C'est un point véritablement critique, d'autant plus que les experts annoncent que les ressources de la terre n'y suffiront pas.

— Ce point est discuté, lui dis-je, car tout dépend de ce qu'on entend par « ressources ». Des experts (mais « experts » en quoi ?) peuvent en effet calculer que la terre est capable de donner à manger à dix ou douze milliards d'habitants. Certains parlent même de cinquante milliards. L'agriculture biogénétique nous promet monts et merveilles, des salades géantes, des carottes inépuisables.

— Oui, me dit-il, on en parle partout. Donner à manger, nous pouvons y arriver, si nous parvenons à réduire la toute-puissance du commerce, ce qui est loin d'être simple. Donner à boire, c'est moins sûr. Mais de toute manière suffit-il, pour définir la vie, de dire qu'elle consiste à manger et boire ?

— Non, bien sûr.

— Où trouver du travail ? Des occupations ? Des loisirs ? Du temps — et de l'espace — pour l'isolement, la méditation ?

— Les experts ne s'en soucient guère. Ils ne se soucient pas davantage, quand ils parlent de cinquante milliards d'hommes, des moyens de *s'arrêter* à cinquante milliards. À un tel chiffre de population, le taux d'accroissement devient prodigieux. Ce n'est plus un Mexique par an, c'est un continent tout entier.

— Et que dire, je le répète, des écarts croissants entre pays riches et pauvres ?

— Aussi loin que nous puissions remonter en arrière, lui dis-je, au début du XVIIIe siècle, cet écart existait déjà. Il était, calcule-t-on, de 1 à 5. Certains pays européens, comme la Hollande, étaient cinq fois plus riches que des royaumes africains, ou asiatiques. Au XXe siècle, dans les années soixante, cet écart était de 1 à 80. Il serait aujourd'hui de 1 à 300, ou 400, toujours en faveur de l'Occident, auquel s'est joint le Japon.

— Et il ne cesse de s'élargir. Aux riches plus de richesse, aux miséreux plus de misère.

— Dans des proportions insupportables.

— Les deux problèmes sont étroitement attachés, dit-il. L'accroissement de la population est très lié à la misère, et la misère à son tour saccage la terre. Quand des groupes humains meurent de faim, ils mangent tout, les herbes, les insectes. Ils coupent les arbres, ils laissent la terre sèche et nue. Toute autre préoccupation disparaît. C'est pourquoi, sans doute, dans les trente prochaines années, les problèmes qu'on appelle d'environnement seront les plus durs auxquels l'humanité s'affrontera.

Il insiste. Il répète à plusieurs reprises : « Absolument. » Il est très ferme sur ce point.

— Je vous donne un exemple simple. Naguère, sur mon chemin, quand j'allais à l'aéroport ou ailleurs, je ne voyais jamais de poulets dans les rues, à la devanture des boutiques, des restaurants. Maintenant j'en vois partout. Bien qu'il soit impossible, au Tibet, d'être totalement végétarien, il me répugne de tuer des animaux. Autant que possible, je me nourris de légumes et de fruits. Mais pourquoi ces rangées de poulets massacrés ? Pourquoi, sinon à cause d'une population humaine excessive ? Plus l'homme est nombreux, plus il tue.

— Il crée des vies pour les détruire.

— Une autre clé, c'est évidemment l'argent, la recherche obstinée de l'argent, pour les uns comme pour les autres : pour les riches par avidité, pour les pauvres par nécessité. C'est aussi pour de l'argent qu'on massacre les animaux. Mais à l'origine de tous nos dangers, de toutes ces menaces dont nous parlons, avant l'argent, je mets la surpopulation.

— Vous êtes donc pour le contrôle des naissances ?

— Absolument. Il faut le faire connaître et le promouvoir.

— Certaines traditions religieuses s'y opposent.

— C'est exact, même à l'intérieur du bouddhisme. Mais il est temps de briser ces barrières.

Il réfléchit un instant et se penche vers moi. Il est clair que cette question le préoccupe tout au fond de lui-même.

— Voyons notre attitude à l'égard de la vie humaine, puisque c'est de cela qu'il s'agit. Bien que soumise à la souffrance, la vie humaine, à nos yeux, est un phénomène précieux, à cause de cette intelligence qui nous anime, et qui peut s'élever en qualité. De ce point de vue, le contrôle des naissances est néfaste, puisqu'il empêche des vies humaines d'exister.

— D'un point de vue individuel.

— Exactement. Chaque individu est une chance de merveilles. Et l'avortement est un acte violent, que nous rejetons. Mais si on regarde les choses d'une certaine distance, si nous nous efforçons, ce qui n'est pas facile, de parvenir à un point de vue global, alors nous voyons tout simplement que nous sommes trop nombreux pour cette planète, et que demain cette surcharge va s'aggraver. Ici, il n'est plus question de morale, il n'est plus question de fascination béate pour la beauté complexe de notre esprit, il est véritablement question de survie. Nous comptons en ce moment sur la terre plus de cinq milliards de vies précieuses. Ces cinq milliards de vies précieuses se trouvent sous la menace directe d'autres vies précieuses, que nous rajoutons par millions.

— Ce n'est pas seulement la vie humaine qui est menacée.

— Naturellement. Les animaux sauvages, les arbres, tout doit céder devant nos vies précieuses. Au Tibet, la déforestation a été féroce depuis trente ans. D'où, comme partout, un appauvrissement des terres. Et la plupart des animaux sauvages que j'admirais dans mon enfance ont disparu. Vous le savez bien : que d'espèces sont anéanties par l'expansion de notre vie précieuse !

— Et sans espoir de renaissance.

— Si donc nous voulons défendre la vie, et plus particulièrement les cinq milliards de vies précieuses qui se pressent en ce moment sur la planète, si nous voulons leur donner un peu plus de prospérité, de justice, de bonheur, nous devons nous interdire de nous accroître en nombre. N'est-ce pas logique ?

Je regrette aujourd'hui que cette voix — qu'on ne peut accuser ni de malthusianisme, ni de libertinage — n'ait pas pu se faire entendre à la conférence du Caire, en septembre 1994, faute d'avoir été invitée. À l'occasion de cette rencontre, que le Dalaï-Lama juge « très importante », les positions traditionnellement rigoristes se sont une fois de plus très hautement manifestées : refus de voir le monde tel qu'il est, silence et soumission imposés à la femme, apologie de la fidélité et de l'abstinence, c'est-à-dire de l'absence de l'amour.

Mais au moins — et c'est aussi l'avis du Dalaï-Lama, lors de notre rencontre de septembre — le problème a été posé publiquement, des phrases justes ont été dites. Rares sont ceux qui pourront dire : je ne savais pas.

Nous ne quittons pas un instant le bouddhisme. Pas plus que la feuille de papier, la vie humaine, aux yeux du Dalaï-Lama, n'a d'existence indépendante.

— Elle est composée d'éléments non-vie, me dit-il, elle n'est en aucune manière séparable du reste du monde. Elle n'est pas « autre ». Si elle présente à nos yeux quelque valeur, cette valeur ne peut être que relative, et toujours liée à l'esprit. C'est une erreur majeure, une « erreur racine », que d'isoler la vie humaine, que de lui attribuer une essence, un en-soi.

À quoi s'ajoute la crainte que, par suite d'un déclin toujours possible de la conscience, les individus humains ne trouvent plus la force, la qualité d'esprit nécessaire à une prochaine réincarnation.

Je lui parle des inondations que nous avons connues en Europe, en 1993 et 1994.

— Nous sortions de plusieurs années de sécheresse. Le régime des pluies redevenait normal. Mais nous avions si obstinément, si aveuglément bétonné la terre (autoroutes, aéroports, parcs de stationnement, bâtiments de toutes sortes), et d'un autre côté si radicalement abandonné, surtout dans les montagnes, les méthodes anciennes de distribution des eaux, que celles-ci ne peuvent désormais que ruisseler sur la terre sans s'y attarder, sans y pénétrer. D'où toute une série de catastrophes. Et il est ridicule d'en accuser le ciel. Nous sommes, ici comme ailleurs, les seuls coupables.

Il approuve. Je lui raconte alors une anecdote qui me frappa, il y a une quinzaine d'années. Je me trouvais au Mexique lors de la première visite du pape Jean-Paul II. Le soir de son arrivée, un ami médecin m'avait invité à dîner. J'arrivai, un bouquet de fleurs à la main, je sonnai. Une femme vint m'ouvrir la porte et je vis qu'elle pleurait. J'entrai, assez surpris. Plusieurs personnes se trouvaient là, hommes et femmes (dont plusieurs médecins), l'air abattu. Deux, trois autres pleuraient aussi. Je leur demandai la raison de cette tristesse. Mon ami me dit : « Mais tu n'as pas entendu ce qu'il a proclamé dans son premier discours ? — Qui ? » demandai-je. « Le pape ! »

— Qu'est-ce qu'il avait dit ? me demande le Dalaï-Lama.

— Ce qu'il dit partout : « Mexicains, Mexicaines, vous devez avoir tous les enfants que Dieu vous envoie ! » En quelques phrases, cet homme âgé, célibataire par vocation, venait de détruire dix ans de patients efforts de ces femmes et de ces hommes de bonne volonté, pour introduire quelques éléments de contraception dans un pays directement frappé par ce que les écologistes américains appelaient la « bombe P ». P, pour population. Pour ce groupe de médecins, tout était à recommencer.

Le Dalaï-Lama connaît mieux que personne la responsabilité des chefs religieux, aujourd'hui comme hier. Même si l'influence du pape est réduite en Europe, et plus particulièrement en Italie, elle reste considérable dans les pays catholiques du tiers monde. Or il ne perd aucune occasion de se montrer, sur ce point, intransigeant, condamnant à des existences misérables des millions de « vies précieuses » qu'il appelle à naître à tout prix.

— À l'inverse, dis-je encore, je me trouvais en 1992 en Iran, pays islamique, que nous appelons intégriste, et à mon grand étonnement je vis à la télévision, sur la chaîne officielle, une émission, présentée par des femmes, qui expliquait et recommandait la contraception.

— En Iran ?

— Mais oui. Et je crois que la même chose existe en Égypte. C'est le genre d'information que l'Occident n'aime pas diffuser. Car sur ce point nous sommes en retard.

— On assiste même, me dit-il, aux États-Unis comme en Europe, à un retour de ce que vous appelez l'ordre moral.

— C'est exact. Un retour de la censure, de l'agitation convulsive de ceux qui, par exemple, s'opposent à l'avortement, acte violent, par plus de violence encore.

Comme s'ils voulaient l'impossible, c'est-à-dire revenir en arrière.

Je m'arrête à mon tour de parler, nous restons un moment silencieux et je lui demande :

— La vie serait-elle devenue l'ennemie de la vie ?

— La vie humaine, oui. Puisqu'elle menace toute vie.

— Les réflexions traditionnelles, sur ce point, ne nous aident guère.

— Non, me dit-il, car elles datent d'une époque où la vie humaine était rare, était recherchée. Des dangers multiples la guettaient. Les enfants mouraient en bas âge. Aujourd'hui, tout a changé, surtout depuis une cinquantaine d'années.

— Que dire de ce que nous promet la génétique du prochain siècle ? Le clonage, c'est-à-dire la reproduction facile, et à l'infini, de l'être humain, impeccablement semblable à lui-même. Avec, comme dernier rêve, l'immortalité.

— Oui, mais cette reproduction facile et fidèle suppose que nous mettions un terme à nos possibilités d'évolution. Nous déclarons que nous sommes parfaits et nous en restons là. Et d'autre part, si nous atteignons l'immortalité, c'est-à-dire si nous supprimons notre mort, nous devrons du même coup supprimer la naissance. Car la terre deviendrait trop rapidement surchargée.

— Un peu partout, lui dis-je, le simple prolongement de la moyenne de vie humaine pose des problèmes sans solution. Comment traiter les nouveaux vieux ? Les occuper ? Payer leur retraite ?

— Oui, me dit-il. Que faire alors de l'immortalité ? Dans nos rapports avec la vie, le changement est radical. Le changement de notre pensée, et par conséquent de notre attitude, doit être tout aussi radical.

Il aborde pour la première fois cette nécessité contemporaine d'un changement par rapport à la tradition, et il y reviendra souvent. Bien que portant, d'ailleurs avec aisance, le titre de « Sa Sainteté », il se montre étonnamment ouvert aux flexibilités, et même aux bouleversements de l'époque.

— Vous n'êtes pas strictement attaché à la lettre des Écritures ?

— Au contraire. Il faudrait être fou pour les maintenir à toute force dans un monde qu'emporte le mouvement du temps. Par exemple, si la science montre que les Écritures se trompent, il faut changer les Écritures.

— Pendant des siècles, l'Église catholique a poursuivi un long et stérile combat pour sauvegarder la vérité historique de la Bible, face aux découvertes de la science. Cela doit vous paraître dérisoire ?

— Inutile, en tout cas. Car le bouddhisme nous dit tout le contraire. Et c'est un thème central, que toutes les écoles acceptent : nous sommes bon gré, mal gré, plongés dans l'impermanence. Tout comme l'essence des êtres, leur stabilité est une illusion. La réalité nous glisse entre les doigts, sans que nous puissions la retenir.

— Ce sentiment tient à la certitude que nous avons de notre mort ?

— Non, car la mort est un simple passage d'un état à un autre. Il s'agit d'une dissolution et d'une recomposition de *chaque instant*. Le monde va. Rien de fixe, rien de permanent ne demeure. Les Écritures, même vénérables et sacrées, sont relatives et impermanentes, comme toutes choses.

C'est là certainement, dans le bouddhisme, un point qui nous surprend d'abord, qui nous attire ensuite. Nous sommes accoutumés, dans les religions monothéistes qui constituent notre tradition, à des écritures révélées, tantôt par Dieu, tantôt par un de ses anges ou de ses prophètes. De toute manière, elles viennent d'ailleurs. L'homme qui les proclama, ou qui les écrivit, n'était que le porte-parole d'un au-delà supposé. Il était, il est encore dans bien des cas hors de question, inimaginable, de modifier, si peu que ce soit, une parole tenue pour rigoureusement divine.

Rien de tel dans le bouddhisme. C'est du fond de lui-même, il faut le répéter, que le Bouddha tira ses quatre vérités fondamentales et tout l'enseignement qui s'ensuivit. Il ne cessa de dire que cet enseignement devait être, à chaque instant, méticuleusement vérifié par l'expérience, et même par une expérience personnelle. Même si, dans certains courants bouddhistes et dans l'hindouisme (qui voulut reconnaître dans Siddhârta le neuvième *avatâra* de Vishnu, après Krishna), le Bouddha s'est vu quelquefois récupéré par la divinité, il reste aujourd'hui un homme.

— À ce titre, dis-je, il est lui aussi dépendant de tout ce qui l'a entouré ?

— Naturellement. Il n'a pas bénéficié, seul parmi tous, d'une vie miraculeusement autonome. Il était lui aussi composé d'éléments non-Siddhârta. Et il en fut de même, il en est de même pour sa pensée.

— De là cette souplesse dans la tradition bouddhiste ?

— Cette souplesse, comme vous dites, vient avant tout de l'expérience. C'est vrai, notre expérience est ancienne et très riche. Elle nous a permis, à maintes reprises, de mesurer les dangers de l'isolement, l'inutilité de l'autorité dogmatique, la vanité de l'intégrisme. Je vous le répète, nous établissons d'abord les faits, ceux en tout cas qui sont indiscutables, comme l'accroissement de la population. Ensuite nous essayons d'analyser les causes qui ont entraîné ces faits, et les conditions dans lesquelles ils se sont produits. Sans perdre un seul instant de vue l'interdépendance et l'impermanence. Enfin, si nécessaire, nous changeons d'attitude.

C'est pourquoi sans doute le Dalaï-Lama, image même de la courtoisie, de la tolérance, donne tout aussi bien l'impression qu'il est en alerte, avide d'apprendre, de connaître, prêt à changer de cap s'il le faut. Il peut très bien parler de la couche d'ozone et de l'effet de serre. Il imagine assez souvent, lui qui vient de très hauts plateaux, une élévation du niveau des mers, et les désastres qui s'ensuivraient. Il revient constamment à l'attention indispensable, attention à soi-même, aux autres, au monde tout entier.

Il dit par exemple :

— Réfléchir à partir d'un ancien point de vue peut nous aider. Outre l'expérience, cela donne à la fois une doctrine et une distance. Très souvent nous nous égarons dans l'actualité désordonnée. À force de regarder notre monde de trop près, nous ne le voyons plus. Il est bon, chaque jour, de repartir de loin.

— Mais ce recours permanent à la tradition peut aussi nous fermer les yeux ?

— Bien entendu. Nous paralyser. Nous devons avant tout rester ouverts et rester sensibles. Ensuite, si nous en avons les moyens, nous devons montrer aux autres ce qu'il faut faire. Il est certain que les vieilles interdictions religieuses nous font parfois du mal. Mais comment les infléchir ? Par quelles armes ?

Les très nombreuses représentations du Bouddha, qui se sont succédé dans divers pays, à travers les siècles, reposent sur une symbolique compliquée. La position du corps, ses cinq différents niveaux, les caractères physiques particuliers du personnage, comme ses longues oreilles, ses épaules larges, sa protubérance crânienne, tout a un sens. Les sculpteurs et les imagiers se sont tout spécialement attachés à la position de ses mains, qu'on appelle des *mudrâs*. Elles sont au nombre de huit. Parmi ces huit positions, il en est une qu'on appelle « de prédication » (*dharmatchakra mudrâ*) : les deux mains, l'une la paume tournée vers l'extérieur, l'autre vers l'intérieur, les index et les pouces se touchant, montrent la roue du *dharma*, c'est-à-dire de l'ordre du monde. Il s'agit bien d'une roue (*tchakra*) et cette roue ne cesse de tourner. Inutile de lutter contre la force universelle qui l'entraîne. Quels que soient notre entêtement à construire, notre fascination pour la stabilité, notre « dur désir de durer », ce geste est là pour nous rappeler le mouvement, maître des choses. Contemporain d'Héraclite, le Bouddha l'a parfaitement senti et exprimé. L'immobilité est une illusion, et notre corps est là comme premier exemple. Il ne cesse, à chaque fraction de seconde, de se dégrader. Les dernières paroles de l'Éveillé furent accompagnées d'un geste qui montrait son corps abîmé, victime d'une dysenterie sanglante : « Tout ce qui est composé est voué à la destruction. »

Ses successeurs ont à loisir brodé sur ce thème, influençant du même coup des pensées voisines. On trouve par exemple dans un hymne shivaïque du VIe siècle ces quelques mots parfaitement bouddhistes :

L'immobile se disperse
Et le mouvant demeure[1].

Le Dalaï-Lama lui-même s'est souvent exprimé sur l'impermanence, sur les changements continus que subissent les phénomènes[2]. Il en trouve même la confirmation dans le mouvement incessant des « particules subatomiques ». Même nos consciences n'existent que momentanément. Ce qui reste, ce qui est toujours là, c'est ce que les bouddhistes appellent la sixième conscience mentale, la plus profonde, qui n'a ni commencement, ni fin, et qui échappe même aux cadres habituels de l'espace et du temps. Nous reviendrons longuement sur cette « conscience subtile » lorsque nous parlerons de l'esprit.

Même si cette conscience subtile peut changer passagèrement, même si elle ne saurait échapper, pour les écoles les plus radicales, à l'illusion universelle qui nous berce, d'une certaine manière, « sa continuité demeure ». De même, au milieu des multiples bouleversements que subit notre existence quotidienne, une sorte de continuité subsiste, celle de la société humaine. Mais cette continuité est le support du changement, qui sans elle nous serait insensible.

— Il me semble parfois que le pape, lui dis-je, voudrait arrêter la roue de ce monde. La vraie réponse ne

1. Cité par Alain Porte dans son introduction à *Shiva, le seigneur du sommeil*, Le Seuil, « Sagesses », 1981.

2. En particulier dans son livre *Cultivating a Daily Meditation*, publié en 1991 à Dharamsala. On peut le trouver en français aux éditions Olizane, à Genève, sous le titre *la Méditation au quotidien.*

lui est-elle pas donnée par le geste silencieux du Bouddha ?

— Sans doute. Le pape, comme il est normal, est directement influencé par les traditions religieuses qu'il représente. Ainsi, il s'attache à un principe : la vie humaine étant un bien précieux, le plus grand nombre doit en bénéficier. Mais à cela s'oppose un autre principe, qui est une autre forme du respect de la vie. Selon ce second principe, il s'agit de défendre toute la vie, et pas seulement la vie humaine. Pour celle-ci, qui est en effet précieuse, il s'agit d'en défendre la qualité. C'est donc un principe contre un principe. Pour nous, aucun choix ne se fait dans l'absolu, par obéissance servile à un principe. Notre intelligence est là, il me semble, pour que justement nous puissions nous assouplir, nous adapter. Tout est relatif. Une intelligence bloquée n'est pas une intelligence.

Il me montre ses deux mains et ajoute :

— Si, pour sauver neuf doigts, il faut en couper un, je n'hésite pas, je le coupe.

Nous évoquons pendant un moment le sort de quelques pays que nous connaissons l'un ou l'autre, l'Algérie en particulier, dont la population a triplé en trente ans, et nous voyons un groupe de fanatiques choisir le pire, assassiner les étrangers, ruiner délibérément leur nation.

— On voit ici ou là, me dit le Dalaï-Lama, des hommes se livrant à des efforts désespérés, et souvent même criminels, pour arrêter le mouvement du temps, pour découper et protéger un espace que nous disons inséparable

— À quoi se mêlent des appétits de toutes sortes.

— Cela va de soi.

— Du point de vue de la limitation des naissances, la Chine n'est-elle pas le seul pays à avoir tenté, sur une grande échelle, une politique systématique ?

— Si. Et depuis longtemps. Malheureusement, après l'occupation du Tibet, cette politique fut étendue aux territoires annexés, où la population indigène était encore assez clairsemée. Des mesures très rigoureuses ont été prises, allant jusqu'à la stérilisation forcée des femmes tibétaines. En même temps se poursuivait une politique d'occupation des sols, par déportation au Tibet de populations chinoises.

— Une colonisation masquée ?

— Exactement. Le prétendu contrôle de la population, obligatoire au Tibet, disent-ils, comme dans « le reste de la Chine », dissimule une colonisation forcée, et très efficace. Sur le territoire de l'ancien royaume indépendant du Tibet, les occupants chinois sont aujourd'hui plus nombreux que les Tibétains d'origine[1].

Il me revient une phrase de Nietzsche, que je ne peux pas citer exactement, selon laquelle la terre est un être vivant. Cet être vivant a une peau, cette peau est frappée d'une maladie mortelle, cette maladie mortelle s'appelle l'espèce humaine.

— C'est certainement, lui dis-je, la vision la plus pessimiste. Peut-on soigner cette maladie ?

— Je l'espère, répond-il avec un grand rire. Mais sans éliminer l'espèce humaine tout entière !

---

1. Voir à ce sujet *Freedom in Exile*, par S. S. le Dalaï-Lama, publié en français sous le titre *Au loin la liberté*, Fayard, 1990, et Livre de Poche.

Au début des années soixante-dix, il y a plus de vingt ans déjà, un médecin et ingénieur américain, James Lovelock, lança l'hypothèse Gaïa. Porteuse, depuis plusieurs milliards d'années, d'un phénomène très rare, et peut-être même unique, qu'on appelle la vie, notre planète réagirait à ce phénomène d'une manière particulière, par une sorte d'interactivité. Elle pourrait avoir, sinon une vie personnelle, du moins des réactions qui lui seraient propres.

Fraîchement accueillie par la plupart des scientifiques, la théorie Gaïa trouva, chez les lecteurs, de multiples échos, très souvent excessifs. À l'origine de ce succès, au-delà de la destruction de la planète à laquelle nous assistons (et participons) à chaque moment de notre existence, il faut chercher, comme le disait Lovelock lui-même, des raisons très anciennes. La personnification de la terre, souvent au féminin, se rencontre à chaque page de nos récits mythologiques. En Inde — et nous l'avons déjà saluée —, elle s'appelle Bhûmi. Elle est, comme ailleurs, notre mère.

Dans le *Mahâbhârata*, immense poème épique fondateur où toute l'Inde se retrouve, une grande bataille, qui oppose férocement tous les peuples connus, met en jeu la survie de la terre elle-même, voire de l'univers tout entier. De part et d'autre, en effet, des combattants possèdent l'arme suprême, appelée *Parasurama*, arme brûlante et lumineuse, capable d'anéantir en quelques instants toute vie. C'est pourquoi les herbes tremblent de peur, comme les roches, comme les dieux.

C'est aussi pour cette raison qu'à un moment donné, malgré sa nature pacifique, Bhûmi, la terre, prend part à la bataille. Elle saisit, entre ses « mains boueuses », la roue du char de Karna, un de ces « hommes arrogants » qui peut appeler l'arme redoutable. Elle bloque son char, contre tout effort humain, et offre ainsi le guerrier à la mort.

Cette participation de la terre à nos combats est, aujourd'hui encore, souhaitée autant que redoutée. Certains assurent, non sans naïveté, que le virus du sida est une réponse de la « nature » à notre pullulement conquérant, et que d'autres virus aux effets inimaginables sont en ce moment en préparation, dans le plus secret des creusets.

S'il y a quelque chose d'infantile dans ces rêveries, elles traduisent en tout cas nos alarmes, et d'une étrange façon nos espoirs.

— Mais la clé est entre nos mains, me dit le Dalaï-Lama. Il ne faut pas la chercher ailleurs. Il est vrai que l'espèce humaine est la seule à pouvoir détruire la terre. Les oiseaux, les lapins n'ont pas ce pouvoir. Mais si elle a le pouvoir de détruire la terre, elle a aussi celui de la protéger.

— Elle n'en prend pas le chemin.

Je lui parle de la rivière de mon village, dans le midi de la France, autrefois lieu de joie, de rencontres, de baignades, de pêche, d'irrigation — aujourd'hui souillée et abandonnée, depuis trente ans déjà, honteuse et sale, assassinée.

— Même ici, lui dis-je, à Dharamsala, j'ai été surpris, en me promenant dans les forêts, de voir partout des tas de papiers sales, de boîtes de conserve, de matière plastique. Tout paraît jeté n'importe où.

Il dit en riant :

— C'est la contribution de la communauté tibétaine !

— Hier, près de l'hôtel, j'ai vu un groupe d'enfants tibétains qui s'amusaient, très bruyamment. Leur jeu consistait à retirer tous les déchets que contenait une poubelle et à les jeter n'importe où. Je m'arrêtai, je me demandai : mais que font-ils ? Pourquoi ?

— Ils ont sept ou huit ans, me dit-il, ils sont nés dans un monde-poubelle, pour eux la nature est pleine de plastique, c'est comme ça, ils ne l'ont pas connue avant. Ils ne savent pas que le monde était beau. La notion même de beauté, ils ne la connaîtront peut-être jamais.

Nous évoquons Malthus, bien entendu, et d'autres personnages plus radicaux, comme le prophète iranien Mani qui, au IIIe siècle de notre ère, voulait interdire toute procréation humaine. Désir de la mort, comme disait le Bouddha, désir obscur que Mani paya de sa vie.

Je répète ma question :

— Que faire, alors ?

— Nous n'avons que l'éducation, me dit-il. C'est notre seule arme, avec l'exemple que nous pouvons donner. Et cette éducation, du point de vue bouddhiste, commence par la notion d'interdépendance. Tout dépend de tout. La vie de ces enfants joueurs est directement liée aux papiers sales qu'ils arrachent aux poubelles. Il faut le dire, l'expliquer, et surtout il faut le prouver.

— C'est une longue tâche.

— Oui, une tâche de chaque jour, et qui ne s'achèvera jamais. Mais notre survie, et la qualité de notre survie, sont à ce prix. Cette prise de conscience partagée est essentielle si nous voulons améliorer, si peu que ce soit, notre propre attitude, notre propre rapport au monde. Nous devons vaincre l'isolement de notre esprit, nous devons renouer nos contacts avec le reste de l'univers. Sinon, en effet, nous sommes perdus. Perdus, parce que séparés. Il faut montrer, inlassablement, que notre intérêt est l'intérêt des autres, que notre avenir est l'avenir des autres. Et quand je dis « les autres », je ne pense pas seulement aux autres humains, qui de toute évidence sont les mêmes que nous. Je pense à toute autre forme de vie, sur cette terre et hors de cette terre.

— Ce n'est donc pas une question de sentiment, ni de morale ?

— C'est d'abord un fait.

Tous ceux qui, de près ou de loin, se sont intéressés au bouddhisme ont été frappés par cette affirmation que la compassion, fondement même de la conduite, ne repose en aucune manière sur ce que nous appelons la sensibilité. Même si nous ne pouvons pas nous en empêcher, il ne sert pratiquement à rien de nous attendrir sur nos malheurs ou sur la misère des autres. La compassion bouddhiste n'a rien à voir avec tel ou tel cas particulier. Elle repose sur un sens très précis de notre appartenance à la totalité du monde. Des textes vénérables disent qu'elle est sans cause, sans chaleur, sans passion, inlassable, immuable. Comme le remarquait Jacques Bacot dès 1925, « elle est tout objective, froide et liée à une conception métaphysique. Elle n'est pas spontanée, mais consécutive à de longues méditations... Elle embrasse tous les êtres entraînés par leurs passions dans le cycle des renaissances. Elle est universelle alors que la nôtre est particulière[1] ».

D'abord un fait. Le Dalaï-Lama insiste sur l'évidence :

— Or, le fait est que nous n'avons qu'une terre, qu'elle est notre mère commune, et que tout dommage

1. Introduction à *Milarepa*, traduit du tibétain par Jacques Bacot et republié chez Fayard, « Documents spirituels », 1971.

que nous lui causons se retourne nécessairement contre nous. Si nous ne prêtons pas attention à la terre, nous détruisons notre propre avenir.

— Nous pouvons encore le sauver ?

— Bien entendu. En commençant par le contrôle des naissances, qu'il faut promouvoir aussi vite que possible. Parallèlement, oui, nous pouvons nettoyer les rivières, et les sols, et cet air que nous respirons. Oui, nous pouvons le faire ! Il ne tient qu'à nous. Et ce n'est pas une question de sensibilité ni de morale. C'est notre avenir qui se joue !

Je lui rappelle alors d'autres racines, les nôtres, que nous appelons judéo-chrétiennes, et ce mythe du tout début de la Genèse où le Dieu créateur donne à l'homme pouvoir sur toutes les choses vivantes, les poissons dans l'eau, les oiseaux dans l'air, le bétail, même les animaux qui rampent sur la terre. À quoi s'ajoutent les herbes, les arbres. Dans un récit décisif, dont nous savons maintenant qu'il fut assez tardivement écrit, l'homme s'octroie, en quelques phrases, possession sans partage de la planète entière. Il le fait de bonne foi, sans doute, et au nom d'un Dieu désormais unique.

— Il est difficile de mesurer, dis-je, jusqu'à quel point cette parole ancienne nous influence encore aujourd'hui. J'ai tendance à croire cette influence subtilement profonde, présente dans chacun de nos gestes.

— Vraiment ?

— Les hommes d'Occident se sont répété pendant des siècles qu'ils sont la merveille de la création, faits à l'image même de Dieu. Ils ont fini par le croire. Nos efforts pour nous dégager de ce mythe, que le bouddhisme n'a jamais connu, sont lents et durs, toujours recommencés. Il y a seulement vingt ans, très rares étaient, en Occident, ceux qui se sentaient partie inséparable de la roue.

— La plupart d'entre nous, et c'est encore le cas, se prenaient au contraire pour ceux qui font tourner la roue.

— Certes. Vous parliez de quelques groupes d'hommes d'affaires qui viennent ici faire retraite, et qui vous demandent conseil. Que sont-ils au regard de ces millions d'*executives* organisés, armés d'attachés-cases et d'ordinateurs portables, qui n'ont pour tout projet que d'exploiter, que d'accabler davantage Bhûmi ?

— Il est vrai que l'Occident est fasciné par l'efficacité. Et sans conteste, dans beaucoup de domaines, cette efficacité force l'admiration. Alors je pose une question qui me semble très naturelle : cette efficacité technique, pourquoi ne pas l'appliquer à la sauvegarde de toute vie ? Ce serait une tâche exaltante pour l'humanité, qui justement semble manquer d'un grand projet, d'un idéal.

— C'est difficile. La certitude de notre suprématie vient de si loin...

— C'est difficile, mais c'est indispensable ! Si le problème de la survie n'est pas réglé, personne ne restera pour même évoquer le problème ! Et le bouddhisme peut vous aider. D'abord, comme je l'ai dit, par l'attention extrême qu'il apporte à la notion d'interdépendance. On ne le répétera jamais assez. Ensuite, par l'attitude qu'il adopte à l'égard de la vérité doctrinale.

Nous avons déjà évoqué ce point, mais nous y revenons (notre conversation est comme tressée, les thèmes disparaissent et réapparaissent) : si la science contredit les Écritures, il faut changer les Écritures. Le Dalaï-Lama reconnaît que cela n'est pas facile, même à l'intérieur du bouddhisme. Mais il le faut. Nous devons même commencer par là.

Ce qu'il faut, c'est guérir. Assez souvent Çâkyamuni s'est présenté comme un médecin : « Comme l'océan tout entier est pénétré de la saveur du sel, ainsi tout mon message n'a qu'une saveur, la délivrance. »

— Peu importent d'ailleurs, me dit le Dalaï-Lama, l'identité du médecin et le remède qu'il prescrit. Le Bouddha a donné l'exemple célèbre de l'homme atteint par une flèche empoisonnée. Il ne veut pas se laisser panser avant de connaître le nom de l'homme qui l'a frappé, sans savoir à quelle caste il appartient, à quelle famille, s'il est de taille grande ou petite, dans quel bois la flèche a été taillée. Et il meurt ainsi avant qu'on le soigne.

Cette attitude positive, pragmatique, qui suppose une remise en question permanente de nos manières de penser et d'agir, est l'épine dorsale du bouddhisme. Rigueur et souplesse s'y retrouvent.

Tout en affirmant que chaque événement procède d'une cause et entraîne des conséquences, dans la grande roue où tout tient à tout, le bouddhisme sait mettre de côté, quand il le faut, la spéculation théorique, qui peut retarder les soins que réclame chaque blessure.

À la limite, le bouddhisme reconnaît même l'obscurité qui enveloppe certains territoires. Mieux vaut sans doute ne jamais s'y affronter, comme l'a recommandé le Bouddha : « N'essayez pas de mesurer l'Incommensurable avec des paroles, pas plus que de plonger la corde de la pensée dans l'Impénétrable... »

L'enseignement dépend aussi du niveau de compréhension des disciples. Mon interlocuteur revient à chaque occasion sur les notions de niveau, de mesure, d'adaptation. Çâkyamuni paraît s'être toujours méfié des positions extrêmes, pouvant être interprétées dans un sens éternaliste (il existe à jamais une âme indépendante) ou au contraire nihiliste (il n'existe rien). Ses soucis de pédagogue nous ont été transmis par un de ses continuateurs, Maitreya. On y voit que l'Éveillé se défiait de son propre prestige, recommandant de faire confiance à l'enseignement proprement dit, et non pas à la personne du maître, qu'il se méfiait aussi de la douceur persuasive des mots, autrement dit d'un beau discours, préférant la parole exacte et directe.

Enfin, à certaines questions, il est bien connu qu'il ne répondait que par le silence. Ces zones laissées dans l'ombre, où la corde de la pensée ne pénètre pas, s'appellent les « quatorze vues inexpliquées[1] ».

Pour nous, chercheurs d'Occident qui fouillons partout, qui ne voulons laisser aucun territoire de connaissance inexploré (même si les conséquences de la recherche peuvent souvent paraître redoutables), ces quatorze points définitivement impénétrables sont un mystère et presque un scandale. Dieu nous a tout donné, même l'obscur à éclaircir.

Au mystère de cette attitude lointaine, à ces questions suspendues depuis l'origine, s'ajoute pour nous l'énigme du bouddhisme lui-même. À nos yeux avides d'un ordre clair, d'une définition précise, le bouddhisme apparaît souvent comme une attitude ambiguë,

1. Voir en particulier, par le S. S. le Dalaï-Lama, *Enseignements essentiels*, « Spiritualités vivantes», Albin Michel 1989, p. 133 *sq*.

à la limite de la contradiction, où toutes les tendances peuvent se côtoyer. Est-ce une religion ? Est-ce une philosophie, ou une morale ? Questions sans réponse, presque déplacées. Il résiste opiniâtrement à toute mise en catégories, il conserve en fin d'analyse quelque chose d'insaisissable. Certains esprits peuvent y répugner (est-il admissible de concevoir des problèmes sans solution ?), d'autres au contraire s'y promènent à l'aise. Tous ceux qui le pratiquent insistent sur la nécessité de l'expérience, qui résout les indécisions théoriques avec la grâce de la vie elle-même, inexplicable.

Notre rapport avec la terre poserait-il un de ces problèmes sans solution ? S'agirait-il d'une quinzième « vue inexpliquée » ?

— Le plus troublant, lui dis-je, est que certains de mes amis, intelligents et cultivés, paraissent incapables de voir. Il semble même, chez certains d'entre eux, qu'un entassement de connaissances dilate leur confiance en eux-mêmes et les aveugle au lieu de les alerter. Rien n'est plus troublant que les débats entre scientifiques, qui refusent toujours, dans le cas que vous citiez de la couche d'ozone, par exemple, de se prononcer. Il leur manque toujours un dernier détail, un petit calcul. Le temps presse, comme vous dites, le poison de la flèche fait son travail, et ils ne se prononcent pas. Alors que la chose est claire : on ne court aucun risque à protéger la terre, même à supposer qu'elle ne courre aucun danger.

— Dans le cas contraire, si nous ne faisons rien, toutes les craintes sont permises.

— C'est la logique même. Il est de première nécessité de faire le pari du pire. Mais les gens écoutent, ils hochent la tête, ils disent : oui, oui, vous avez raison...

— Et tout aussitôt ils oublient.

— Quant aux partis politiques qui se réclament de l'écologie, et auxquels vous faisiez allusion, il leur arrive de se déchirer.

— Oui. Le goût du pouvoir se faufile partout.

— C'est encore une des questions qui nous agitent : l'écologie doit-elle se contenter d'une action sur le terrain, ou bien se hisser, au risque de se corrompre, jusqu'à l'étage politique où se prennent les décisions ? Nous n'avons pas tous la même réponse.

— Ni même, sans doute, la même question.

— J'ai lu avec plaisir, dans un de vos livres, que vous éteignez l'électricité en quittant votre chambre d'hôtel.

— C'est exact.

— Je fais de même, par habitude. Dans mon enfance, alors que l'électricité passait encore pour un luxe, on m'a élevé de cette manière.

— Je sais bien, me dit-il, que ce geste ne soulage la terre que dans une proportion infime. Il faut pourtant commencer par là. Commencer par soi-même, en espérant que quelques autres, autour de nous, nous imiteront, et que le cercle ira s'élargissant.

— Cependant les générations qui nous suivent, nées dans la seconde moitié du siècle, ont d'autres habitudes. L'électricité, qui fait oublier la peur ancienne de la nuit, leur est devenue familière. Très rares sont les jeunes gens, en Europe, aux États-Unis, qui éteignent en sortant d'une pièce.

— Ils n'ont pas connu la nuit, le monde sombre, la lueur précieuse d'une chandelle.

— Ils sont comme ces enfants qui n'ont pas connu la terre propre et belle.

— Et n'oubliez pas, me dit-il, que cette ignorance fait l'affaire de ceux qui fabriquent l'électricité.

— Et de ceux qui la vendent.

Nous avons d'autres points communs. Comme lui, je suis né dans un petit village. J'ai abandonné la pêche et la chasse, que je pratiquais dans mon enfance, comme tout enfant de la campagne. Né en 1931, j'ai quatre ans de plus que lui. Il raconte dans ses mémoires que la Seconde Guerre mondiale lui resta presque inaperçue, alors qu'elle fut le grand événement de mon enfance. Il vivait alors dans un autre monde, encore isolé et ritualisé, enfant mystérieusement désigné pour la fonction qu'il exerce aujourd'hui . Et pourtant, à certains moments, j'ai l'impression que cet homme qui me parle, tantôt sérieux, tantôt rieur, et qui souvent me prend très amicalement la main, a deux ou trois mille ans de plus que moi. Il porte en lui tout un continent de pensées, des images, des sons, des sentiments qui viennent d'autrefois, entretenus par une méditation quotidienne, et de ce fait toujours vivaces.

Il reprend la parole :

— Je ne suis pas un expert en éducation. Je suis même un ignorant dans ce domaine. Mais je sais que la véritable réponse est là. Nos formes d'éducation changent malgré nous. En Occident il est clair que la télévision est en train de prendre la place des instituteurs d'autrefois. Est-ce un bien ? Est-ce un mal ?

— En tout cas, tout le monde en discute. Vivement, même.

— On me dit aussi que les jeunes générations, aux États-Unis et même en Europe, ont un comportement de plus en plus égoïste et cruel, on me parle de la jungle des banlieues, de bandes de jeunes gangsters drogués, de pierres meurtrières jetées du haut des ponts sur les voitures, et même de crimes commis par des enfants. Est-ce le fait d'une décadence générale, de la crise économique ? Ou bien le spectacle quotidien de la violence soulève-t-il notre propre violence ?

— Autre question à l'ordre du jour.

— Un fait curieux, par exemple : je trouve que les jeunes Tibétains, qui sont nés et qui ont grandi en Inde, sont plus doux ici que ceux du Tibet. Ils sont du même peuple, de la même culture, les uns et les autres parlent la même langue, et pourtant ils sont différents. Sous l'effet de l'environnement, j'imagine.

— Et pourtant l'Inde n'est pas un pays particulièrement pacifique.

— Qui sait ? me dit-il. Réfléchissez. Je sais bien qu'il y a des problèmes en Inde, et même du sang versé ! Mais dans l'ensemble, en Inde, des peuples différents, qui parlent près de soixante langues et qui pratiquent toutes les religions, parviennent à coexister. N'est-ce pas un exemple que pourrait suivre toute la planète ? Ne noircissez pas exagérément le tableau. Vous avez traversé le Pendjab en venant ici. Naguère troublé, cet État est maintenant pacifié. Il a retrouvé sa richesse. Et pensez aux jeunes Tibétains qui en ce moment, au Tibet, doivent affronter chaque jour la pression de l'occupant chinois. Voilà sans doute la première raison de leur agressivité : une vie sans bonheur, une vie constamment remise en cause. Une oppression systématique les conduit à l'insatisfaction et puis, très vite, à l'agressivité.

Il réfléchit un instant sans que je l'interrompe et ajoute :

— Il nous manque à tous quelque chose. Je ne sais pas très bien quoi, mais je le sens. À l'Ouest, vous avez tout. Du moins vous le pensez. Même si vous passez en ce moment par une crise, tous les biens matériels sont là, sans doute mieux partagés que dans le passé. Vous

vous en flattez, en tout cas, souvent. Mais il me semble que vous vivez dans une tension, dans une compétition et dans une crainte incessantes. Ceux qui grandissent dans cette atmosphère manqueront, pendant toute leur vie, de quelque chose.

— De quoi manqueront-ils ?

— De notre dimension la plus profonde, et aussi la plus agréable, et la plus féconde. Ils resteront à la surface agitée de la mer, sans connaître le calme sur lequel ils reposent.

Le Dalaï-Lama est venu pour la première fois en Occident en 1973. La connaissance qu'il peut avoir de nos conditions de vie, et de l'état de notre pensée, est peut-être aussi limitée que la nôtre quand nous revenons d'un voyage en Inde, ou en Chine. Toute réalité est complexe et changeante. Quand il parle en quelques mots de l'Occident mécaniste et mercantile, il n'évite pas toujours le cliché. Tous ceux qui vivent à l'Ouest, il s'en faut de beaucoup, ne bénéficient pas de tout le confort supposé, de toutes les merveilles de la technique. Cette fameuse tension, cette hâte, cette compétition sans pitié, ne sont pas sans de larges éclaircies, sans de vraies plages de bien-être. Nous avons nous aussi nos chercheurs désintéressés, nos bienfaiteurs, nos rêveurs. Nous avons même nos ermites.

Aussi faut-il admettre, quand il parle de l'Occident, qu'il se contente quelquefois, par commodité, d'une image sans nuances. Nous faisons de même, régulièrement, quand nous parlons des pays arabes, de l'Afrique, du Japon : nous ne retenons que le trait marquant, simplificateur. Et le bouddhisme nous apprend sans cesse que toute simplification, si tant est qu'elle prétende décrire une société, est fausse et par conséquent dangereuse.

Quand nous en venons à parler des changements que nous avons pu observer au cours de notre vie, je lui parle du livre célèbre de l'anthropologue américaine Margaret Mead, *le Fossé des générations*, qui fut un des étendards de la fin des années soixante.

Il ne semble pas connaître ce livre.

— Pourquoi donc était-il célèbre ?

— Parce qu'il reprenait, avec clarté, les idées les plus répandues de ces années-là, et aussi parce qu'il posait une vraie question. Dans les sociétés traditionnelles, disait Margaret Mead, le monde ne changeait pas d'une génération à l'autre, ou changeait peu. Aussi les anciens pouvaient-ils transmettre aux jeunes, aux nouveaux venus dans le groupe, toutes leurs connaissances sur l'environnement, sur le mode de vie, les outils, les récits, les liens sociaux. Dans un monde immuable, les nouvelles générations auraient besoin de ce savoir. Quand les choses se sont mises à changer, de plus en plus vite avec les Temps modernes, l'écart entre les générations s'est marqué, puis s'est aggravé. Il est devenu un fossé. Les nouveaux venus se demandaient pourquoi les anciens s'obstinaient à leur transmettre tcllc ou tcllc tcchniquc, à lcur fairc lirc tcl ou tcl autcur, alors que cet auteur les ennuyait, et qu'ils n'avaient plus aucun usage de cette technique.

Il m'écoute en hochant la tête, le regard très attentif.

— Par exemple, lui dis-je, dès que j'ai eu sept ou huit ans, mon père m'a appris à labourer avec un cheval. Entre autres activités. Je devais tout savoir sur mon environnement campagnard. Aujourd'hui, à supposer que je n'aie pas oublié, je suis probablement un des très rares auteurs européens à pouvoir labourer de cette manière.

Cette image le fait rire. Je lui dis encore :

— En revanche, en 1945, quand nous avons appris l'explosion d'Hiroshima, les gens du village, plus âgés que moi (j'avais quatorze ans), sont venus me demander ce que pouvait bien être cette bombe extraordinaire, capable de détruire une ville d'un coup. J'allais au collège, on me supposait des connaissances que d'ailleurs, dans ce domaine, je n'avais pas. Le savoir changeait de génération. C'est la même chose, aujourd'hui, en ce qui concerne l'électronique. À mon tour, souvent, je demande conseil à ma fille.

J'essaie de lui dire brièvement comment, à partir de la fin des années soixante, notre système éducatif a hésité. D'un côté les citadelles anciennes du savoir s'écroulaient. Tout un passé nous semblait soudain inutile. Le latin tombait aux oubliettes, au profit des mathématiques. L'enseignement se proclamait ouvert, flexible, léger, presque facultatif. Dans certains cas, on en venait à demander aux étudiants ce qu'ils désiraient apprendre. Attitude qui conduisit à une pédagogie étrange, presque à l'envers, et qui faillit façonner une ou deux générations d'ignorants. Après quoi la réaction habituelle se fit, et ainsi de suite.

— À l'heure actuelle nous hésitons toujours. Comme vous le dites, nous sentons bien que le système tout entier doit changer. Mais pour aller dans quelle direction ? Les avis divergent.

Sa réaction est surprenante :

— Dans les aéroports ou dans les gares, me dit-il, quand la police veut repérer des transports clandestins d'héroïne, elle utilise des chiens dressés. Et souvent ça marche, car les chiens ont des narines beaucoup plus affûtées que celles des policiers. Mais cela ne signifie pas que les policiers doivent prendre les chiens comme professeurs.

Je ne peux que l'approuver. Il ajoute, après une vraie réflexion :

— Je me demande vraiment si le changement s'est accéléré. Quel changement ? Le changement de quoi ? De la technique, oui. Tous nos outils se sont perfectionnés, certains sont nouveaux, exigeant un nouveau savoir-faire. Nos vêtements changent en fonction de la mode, les vôtres en tout cas ; les moyens de transport se perfectionnent ; notre perception du monde ; nos croyances changent, car nous vivons tous dans l'impermanence. Dans l'apparence extérieure, en effet, les choses changent, elles se modifient sans cesse.

Il secoue doucement la tête avant d'ajouter :

— Mais nous, nous n'avons pas changé.

3

Ni moi, ni Dieu

Reposant sur une expérience personnelle, hors de toute révélation divine, le bouddhisme, par les paroles mêmes de son fondateur, nie toute existence indépendante du moi. Paradoxe unique dans l'histoire de la pensée : ce que toutes les traditions appellent l'« âme », en sanscrit l'*âtman*, cette entité permanente qui nous survivrait pour connaître une autre vie, ou plusieurs autres vies, cette réalité distincte du corps, résistante à la mort, au sommeil, à la perte de conscience, le bouddhisme la cherche sans la trouver.

Même les notions contemporaines d'un « je », d'un « ego », qui ne supposent pas la survie d'une âme après la mort mais qui établissent un soi tangible, un être-moi défini et durable, sont énergiquement réfutées. Quand nous disons « mon corps » ou « mon esprit », nous supposons l'existence d'un être, d'une personne qui posséderait ce corps et cet esprit, et qui par conséquent s'en distinguerait. De même quand nous disons « mes désirs », « mes regrets », « mon passé », « mon courage ». Or, cet être, ce soi, le bouddhisme ne le trouve nulle part.

Et même il le condamne, car il voit dans cette croyance illusoire l'origine de l'égoïsme, de l'attachement aux possessions, de la jalousie, de l'orgueil, de la malveillance à l'égard des autres, qui vivent dans la même erreur. Des conflits entre les individus aux guerres d'extermination entre nations, tout le malheur qui nous agite naît dans ce rêve absurde, dans cette sensation d'être distinct, particulier, constant.

Nous sommes comme la feuille de papier, en relation avec toutes choses. Nous pouvons nous décomposer en un certain nombre d'éléments, nos membres, les fragments de nos membres, les atomes qui nous constituent, l'activité de notre pensée, mais aucun de ces éléments ne peut prétendre à la totalité d'un moi. Celui-ci persiste à nous fuir.

Pour lutter contre cette inconsistance, que les poètes ont parfois magnifiquement exprimée, les hommes — nous dit le bouddhisme — ont inventé deux concepts, l'un de protection, l'autre de conservation. Le concept de protection s'appelle Dieu, père omniprésent et omnipuissant, qui nous rassure dans notre faiblesse ; le concept de conservation s'appelle l'âme, destinée à vivre éternellement, substance de consolation dans le passage de la vie.

Autres erreurs racines, profondément inscrites en nous par nous-mêmes, l'idée de Dieu et l'idée de l'âme sont le signe même de notre ignorance. Ces idées sont fausses et vides. Elles sont des « projections mentales subtiles[1] » habilement enveloppées de mots. Elles ont une puissance presque irrésistible, car elles sont nées de notre angoisse et de notre besoin de vivre. L'homme s'y attache si fortement qu'il ne veut même pas entendre

1. Walpola Rahula, *l'Enseignement du Bouddha d'après les textes les plus anciens*, Paris, Le Seuil, « Sagesses », 1978.

une parole qui s'y oppose. Et pourtant, pour parvenir à l'éveil, il est indispensable de nous en délivrer.

Le Bouddha Çâkyamuni s'est parfaitement rendu compte de l'aspect révolutionnaire, et très difficilement acceptable, de cette critique des sentiments et des idées reçues. Il l'a dit ainsi : « Les hommes qui sont submergés par les passions et environnés d'une masse d'obscurité ne peuvent voir cette vérité qui va *contre le courant*, qui est sublime, profonde, subtile et difficile à comprendre. »

Aller « contre le courant », c'est le moins qu'on puisse dire, car nous sommes tous très intimement persuadés d'être un individu particulier et permanent. La plupart de nos phrases commencent par *je*, et même en français, souvent, par *moi, je*. Tout nous dit que nous sommes faits de nos actions passées, de notre état présent, de nos projets pour l'avenir, que nos modifications ne sont que de surface, que l'essentiel, en chacun de nous, subsiste. « Tu n'as pas changé » est une des phrases que nous entendons le plus souvent autour de nous.

Il suffit de pénétrer dans une grande librairie et de compter les ouvrages explicatifs et démonstratifs consacrés aux problèmes du moi. Les étagères en regorgent. Ouvrages tout aussi multiples que décevants quand il arrive qu'on s'y plonge, car aucun des cas décrits, étrangement, ne paraît s'appliquer au nôtre.

De toute façon, ce n'est pas demain que cesseront ces amoncellements d'analyses. L'architecture même du droit occidental moderne repose principalement sur l'individu distinct de la masse, menacé autant que précieux, un individu perceptible et définissable.

Le bouddhisme nous affirme avec obstination le contraire. Aucune trace de substance ne demeure, en nous, inchangée. Nous vivons au milieu d'un courant ininterrompu de relations, qui conditionnent à chaque instant notre existence. Nous n'avons aucune possibilité de parler de notre moi, de notre être. Les bouddhistes ne peuvent pas suivre Descartes et son fameux « donc ». Rien ne nous autorise à passer de la pensée à l'être, qui sont deux éléments du même flot changeant. Au lieu d'affirmer « Je pense, donc je suis », tout au plus pourrions-nous dire, à l'instant même où nous parlons : « Je pense, donc je pense », ou bien, comme Nietzsche, « Quelque chose pense ».

Cette dislocation de l'ego s'accompagne bien entendu d'une vive critique de la mémoire, et de la notion de passé. Ce sentiment de continuité que donne toute vie est une illusion supplémentaire, un jeu complaisant de l'esprit. Tout ce qui concerne notre passé — que nous reconstituons et modifions par la pensée à chaque instant — est une abstraction, une construction mentale, comme l'avenir. À peine pouvons-nous parler du moment présent, et avec prudence.

Puisqu'il faut tout de même admettre que nous existons (sinon la quête de l'éveil devient incompréhensible), le Bouddha admet que nous sommes constitués de « cinq agrégats ». Sans entrer dans le détail, qui est complexe, nommons ces cinq agrégats qui nous composent, et sur lesquels repose notre présence au monde : le corps (ou caractère matériel), la sensation, la perception, la conformation (qu'on appelle aussi les constructions) et la conscience.

Mais le Bouddha dit aussitôt, parlant à ses cinq premiers disciples : « Le corps n'est pas le soi, la sensation n'est pas le soi, la perception n'est pas le soi, les constructions ne sont pas le soi, pas plus que la conscience n'est le soi... »

Aucun des agrégats qui nous composent (même si certaines écoles soutiennent le contraire) ne peut donc prétendre être nous-mêmes. Mais s'il faut choisir ? Si nous avons à toute force besoin d'un support, d'un point d'appui ? Alors, dit le Bouddha, sans doute vaut-il mieux prendre le corps, car au moins il subsiste un moment, tandis que « ce que vous nommez l'esprit se produit et se disperse en un perpétuel changement ».

Méfiance, donc, à l'égard de notre pensée. Méfiance totale à l'égard de notre « âme ».

Tous les continuateurs de l'Éveillé, à quelque école bouddhiste qu'ils se rattachent, ont insisté sur ce point : le moi est une illusion, et la vraie source de la souffrance. Le Dalaï-Lama lui-même a parlé de cette illusion persistante comme d'un « démon intérieur, le plus ancré en nous ». Il ajoute :

« Le vrai pratiquant doit être un soldat qui combat sans cesse ses ennemis intérieurs, dont le chef est cette croyance au “ soi ” que tous les autres entourent et suivent[1]. »

Cela posé, je reviens à la dernière phrase qu'il m'ait dite :

— Mais nous, nous n'avons pas changé.

Si nous ne sommes qu'impermanence et illusion, que flux constant, insaisissable, qu'est-ce qui en nous ne change pas ? Sur quels éléments, parmi ceux qui nous composent, peuvent porter nos efforts ? Qu'est-ce que nous pouvons modifier en nous ?

Nous reprenons la conversation où nous l'avons laissée. Aujourd'hui est un autre jour. Depuis hier le

1. *Enseignements essentiels*, p. 94, *op. cit.*, Albin Michel, 1987.

temps a passé, des milliards d'événements se sont produits, à la surface de la terre et sans doute ailleurs, dont nous portons les marques invisibles.

Depuis hier, nous comptons quelques millions de vies en plus sur la planète. Le Dalaï-Lama y revient et me demande :

— Si un catholique sincère, préoccupé par la surpopulation comme vous et moi, rencontre un obstacle dans sa tradition, un obstacle véritable, qu'il ne peut pas écarter à la légère, que peut-il faire ?

— Vous voulez dire : s'il croit réellement à la force de vérité des Écritures ?

— Oui.

— C'est un cas assez rare.

— C'est-à-dire ?

— J'ai vu récemment à la télévision française un reportage sur une famille sincèrement catholique. L'une des filles, bien qu'affirmant sa foi, reconnaissait ouvertement qu'elle faisait l'amour avec un garçon en dehors du mariage, et qu'elle prenait la pilule, pour ne pas avoir d'enfant. Il existe partout des accommodements avec le Ciel. Les Écritures chrétiennes, dans la plupart des cas, paraissent archaïques aux chrétiens d'aujourd'hui. Je parle pour l'Europe, où l'accroissement de la population est de toute manière très limité. En Afrique, ou en Amérique latine, le problème est tout différent.

— Mais tout de même, à l'intérieur du catholicisme, existe-t-il une voie d'ouverture ?

— Sans doute, mais elle reste bien cachée. Le chemin est encore très long. Lorsque le pape, s'adressant aux Africains, leur proclame, comme il le faisait aux Mexicains et à d'autres, qu'ils doivent avoir tous les enfants que Dieu leur envoie (une façon de parler que le bouddhisme ne reconnaît pas), il flatte peut-être la virilité des mâles africains et, d'une certaine manière, apaise leur peur de vieillir. Beaucoup de familles sont persuadées qu'un enfant de plus — de préférence un garçon, si Dieu le veut bien — constituera un support supplémentaire pour leur vieillesse.

— Je sais bien, me dit-il, c'est la même chose en Inde et en Chine : cette impression que, si une famille est nombreuse, elle résistera mieux à la misère.

— Alors que l'expérience européenne prouve évidemment le contraire. Pour lutter contre cette idée, un Français que vous connaissez sûrement, le commandant Cousteau...

— Comment dites-vous ?

Ses assistants m'ont déjà prévenu : Sa Sainteté a une excellente mémoire des visages, mais il oublie facilement les noms.

Lhakdor, en tibétain, lui rappelle qui est Cousteau.

— Ah oui ! s'écrie-t-il. Je le connais !

— Il a proposé, pour lutter contre l'insécurité qui menace toutes les fins de vie humaine dans le tiers monde, d'assurer à chaque chef de famille une retraite suffisante. Ainsi renoncerait-il peut-être à accumuler des enfants, hypothétiques bâtons de vieillesse.

— Je vois.

— C'est une solution indirecte, astucieuse, aux effets lointains, très difficile à mettre en place.

— Où trouver l'argent ? Comment le distribuer ?

— Beaucoup d'autres idées sont lancées ici et là. Et de nombreuses bonnes volontés se donnent de la peine. Nous commençons à intégrer l'écologie dans l'entreprise (timidement), à rouler à l'essence sans plomb, à contrôler les échappements des véhicules, à acheter des détergents biodégradables, du papier recyclé, des légumes et des fruits cultivés sans produits chimiques.

Nous sortons à grand-peine de la dictature impitoyable de l'industrie, que nos parents et grands-parents ont subie avec le sourire pendant plus d'un siècle. Mais en réalité tout reste à faire. Et rien de rassurant ne pourra se construire si la population n'est pas contrôlée. Cela saute aux yeux, il me semble.

— Je le crois aussi. Mais vous devez bien voir que les grands leaders religieux sont pour ainsi dire incapables de changer leurs idées.

— C'est évident.

— Surtout, me dit-il, si ce changement doit être brutal. Le pape, par exemple, dans tous les textes qu'il distribue aux fidèles catholiques, répète inlassablement le même discours. Discours qui repose sur des croyances très anciennes. Même si, personnellement, il se sent en faveur de quelques changements (nous n'en savons rien), les institutions qu'il couronne lui interdisent de le dire publiquement. Comprenez-le bien : c'est impossible.

— Que peut-on espérer ?

— Tout doit partir, me répond-il, de ce qu'on appelle la base. Je sais parfaitement, pour en avoir parlé avec eux, qu'il existe dans les communautés religieuses catholiques, chez les moines et aussi chez les nonnes, des individus qui sentent le danger, qui partagent nos idées, qui affirment la nécessité de faire quelque chose, au plus tôt. C'est d'eux, et aussi des fidèles, que l'idée d'un changement doit partir. En d'autres mots, ils devraient créer une atmosphère qui rendrait ce changement possible. Les décisions indispensables deviendraient ainsi, pour leurs chefs, beaucoup plus faciles.

— Il y a aussi les scientifiques.

— Oui. L'effort principal doit venir d'eux.

— Mais ils appartiennent eux aussi à des institutions. La plupart vivent dans un confort du corps et de l'esprit. Ils ont beaucoup de mal à prendre la parole, et les meilleurs d'entre eux le reconnaissent.

— Ils doivent pourtant parler, et parler fort. Établir des statistiques claires, et les diffuser. Ils doivent nous dire et nous répéter à quels chiffres nous devons nous attendre.

— Ils l'ont fait. À vrai dire, assez rarement. Mais nous lisons et nous oublions aussitôt. Que le Nigeria compte plus de six cents millions d'habitants dans une trentaine d'années, aujourd'hui qu'est-ce que cela peut nous faire ?

— Mais le travail des scientifiques n'est pas seulement de chercher. Il est aussi d'informer, sinon leur recherche n'a pas de sens. Ce qui vaut pour la population vaut aussi pour l'environnement. Sinon, avez-vous d'autres idées ? Connaissez-vous d'autres moyens pour nous aider à franchir les obstacles ?

Je ne sais que lui répondre. Je lui répète que nous ne pouvons que proposer, que seul décide le pouvoir politique.

Il me demande encore :

— Est-ce que l'Occident pourrait véritablement changer de vie ? Est-ce concevable ?

— Pour le moment, nous voyons bien que tous les yeux sont tournés vers le chômage, et que ce problème immédiat éclipse aisément tous les autres. Nous voyons aussi que les remèdes proposés ici et là viennent tous du passé. Ils ne parlent que de croissance et de reprise économique, ce qui suppose par avance un surcroît d'exploitation d'une planète presque épuisée. Aucune idée nouvelle et forte ne nous soutient. Parler d'un changement de vie semble un voyage en terre d'utopie.

— L'Europe unie, me demande-t-il, la voyez-vous comme un espoir ?

— De ce point de vue, oui, peut-être.

— Les menaces de l'environnement ne s'arrêtent pas aux frontières.

— Les mouvements de population non plus. Des cortèges de mendiants parcourent désormais l'Europe, qui a son tiers monde à la maison. Chaque pays de l'Ouest compte aujourd'hui une deuxième et même une troisième population, qui sont clandestines. Aux États-Unis, on estime à plus de vingt millions le nombre des *indocumentos*, immigrés sans papiers, vivant au jour le jour, et de place en place. Là aussi, que faire ? Les solutions policières ne sont ni moralement souhaitables, ni efficaces. Toute frontière est percée d'innombrables trous.

— Nous devons insister, jour après jour. Sans jamais nous décourager. Nous devons affirmer : nous sommes trop nombreux.

Je m'étonne — et me réjouis — de l'insistance avec laquelle le Dalaï-Lama revient aux problèmes de population, d'environnement. Je n'imaginais pas ses préoccupations aussi vives. Ainsi peut-être se dessine une première réponse au paradoxe du non-soi. Tout en cherchant vainement son moi permanent, le Bouddha découvre l'égalité de toutes choses existantes, sans aucune place privilégiée, et les relations qui les unissent.

Il n'est pas question de nier l'existence du monde, ni de nous-mêmes. À l'inverse de l'éternalisme (permanence de l'essence des êtres au-delà du flot des existences), cette attitude de doute radical conduirait au nihilisme, à admettre le monde comme une simple construction de l'esprit.

Ce n'est pas que l'idée manque de séduction. Elle a même tenté quelques philosophes occidentaux, comme l'Irlandais Berkeley (*Trois dialogues d'Hylas et de Philonoüs*, 1712). Le monde n'aurait d'existence qu'à travers notre perception.

La très grande majorité des écoles bouddhistes rejette cependant cette négation radicale du réel, s'appuyant sur une phrase très affirmative de Çâkyamuni : « Il existe bien un non-né, non-devenu, non-fait, non-composé, et s'il n'existait pas, il n'y aurait pas d'évasion possible de ce qui est né, devenu, fait et composé. »

Le Dalaï-Lama le dit à sa manière : « Quand je doute d'exister, je me pince. »

— Donc, aucune inquiétude : nous existons ?

— Oui. Même si notre connaissance du monde et de nous-mêmes est illusoire, un « non-né », un « non-devenu » existent, sans quoi nous n'existerions pas. Mais nous existons d'une manière qui est à la fois relative (à l'activité de notre esprit) et conditionnée (par toutes les autres existences).

— Impossible de trouver le soi en dehors du corps et de l'esprit ?

— Impossible, me répond-il. Mais impossible également de percevoir et de décrire notre existence relative — rigoureusement emprisonnée dans un réseau de causes et d'effets — sans percevoir du même coup l'existence de toutes choses.

— Desquelles nous sommes inséparables ?

— Exactement. Notre existence n'est en aucune manière indépendante. Mais elle est, en elle-même, toute existence.

Et cela vaut même pour le corps seul, comme le dit encore Çâkyamuni : « C'est à l'intérieur de notre corps même, tout mortel qu'il est et de six pieds de long seulement, que sont le monde et l'origine du monde, et la fin du monde, et pareillement le chemin qui mène au *nirvâna.* »

Ainsi, les prises de position « écologiques » du Dalaï-Lama ne sont pas un phénomène de mode, le fruit d'une révélation tardive devant l'évidence d'une destruction (comme ce fut le cas pour nous). Elles sont inscrites depuis très longtemps dans ce que le bouddhisme a de plus profond, peut-être aussi de plus original — avec le jaïnisme, autre tradition indienne apparue au même moment, et presque au même endroit, que le bouddhisme, et fidèle jusqu'à aujourd'hui aux enseignements de son fondateur, Mahâvîra. Parmi ces enseignements figure, comme un point essentiel, le respect de toute forme de vie. Aussi rencontre-t-on ici et là sur les routes de l'Inde (ce qui m'arriva en revenant de Dharamsala à Delhi), des groupes d'hommes et de femmes vêtus de blanc, qui marchent et mendient inlassablement, et qui portent sur le bas du visage une sorte de bandeau, pour éviter d'avaler par mégarde quelque moustique. De même, avant de s'asseoir, ils époussettent leur siège avec un chasse-mouches léger pour éloigner les insectes minuscules qu'ils risqueraient d'écraser.

Sans s'aventurer dans ces attitudes extrêmes, le bouddhisme partage le même sentiment. Nous ne sommes pas une partie détachée du monde, nous sommes le monde.

En me disant « mais nous, nous n'avons pas changé », le Dalaï-Lama ne faisait allusion à aucun territoire irréductible que nous conserverions et protégerions en nous-mêmes. Sa phrase avait un sens apparemment plus simple, mais en fait plus subtil et plus large. Ce qui n'a pas changé, me disait-il, c'est notre relation avec le monde. Après deux siècles de fusillades, de barricades, de grèves, de conquêtes sociales, de vertiges techniques, de fureurs idéologiques, de troubles scientifiques, de guerres petites et grandes, nous nous découvrons les mêmes, toujours intimement liés à ce que nous avons prétendu connaître et dominer. Et nous voyons surgir avec étonnement le péril que nous n'attendions pas, celui de l'autodestruction, d'autant plus dur à conjurer qu'il jaillit, continuellement, de notre illusion persistante.

Je l'écoute d'une autre manière quand il reprend, avec une énergie, une conviction de plus en plus marquées :

— Le vrai problème du tiers monde est l'ignorance. Avec l'attachement et l'aversion, l'ignorance est un des trois *kleshas*, un des trois poisons de l'esprit, qui sont la source de toute maladie mentale. Dans le tiers monde, il est sans doute le plus grave. En Occident, par la force des choses, vous commencez à vous rendre compte que quelque chose ne va pas. Et, à votre manière, vous vous organisez, vous luttez.

— Lutte qui ne servira à rien si elle ne devient pas mondiale.

— Exact. Il faut donc éduquer les populations du tiers monde. Car elles ne savent rien, je le vois ici autour de moi. Et il faut le faire énergiquement, sans réticence sentimentale. C'est une nécessité immédiate, une urgence. Il faut leur dire, avec tout ce que cela suppose de malentendus : vous faites fausse route, votre accroissement démographique beaucoup trop fort vous conduit à une misère plus terrible encore. Vous désirez, comme il est normal, que votre niveau de vie s'améliore. Mais cela n'est pas possible pour tous. Au contraire.

Je lui rappelle quelques arguments des natalistes : certains pays, c'est le cas de l'Inde et peut-être aussi du Mexique, paraissent vivre mieux depuis que leurs populations ont atteint des chiffres qui semblaient naguère inimaginables. Les rendements agricoles ont été doublés, des activités nouvelles se créent. L'Inde en arrive à exporter des céréales.

Cependant, cette situation — apparemment favorable au commerce — n'est que l'impression d'un moment. À supposer qu'un point d'équilibre ait été atteint, il est tout aussitôt rompu. Rien n'arrête, autour de nous, et pas même en Chine, l'expansion démographique, rien sauf les mécanismes collectifs mal connus qui sont liés à l'amélioration du niveau de vie : vivez mieux, vous vivrez moins nombreux. Mais il s'agit évidemment d'un cercle vicieux. Le gâteau n'est pas extensible à l'infini. Et le partage de ce gâteau n'est pas plus équitable aujourd'hui qu'hier. Les bidonvilles de Bombay regorgent, les trottoirs de Delhi sont recouverts par une population de hasard, sans cohérence et sans ressources. Le chômage devient un fléau pour la terre entière, avec la mendicité, sa vieille compagne. Les Indiens délaissés des Chiapas se soulèvent, l'arme à la main. Les peuples du Rwanda se massacrent. Bientôt ceux qui auront la « chance » de travailler travailleront pour deux, ou pour trois. À quoi s'ajoute, conséquence pratiquement inévitable, et dans la plupart des cas incontrôlée, la mise en coupe réglée de la planète.

Il poursuit :

— Les pays du Nord (c'est ainsi qu'il appelle généralement l'Occident, *the northerners*) ne sont jamais satisfaits. Ils ont tout, et ils en veulent plus encore. D'autres pays, comme l'Éthiopie, souffrent de disette chronique.

Ils n'ont rien, et demain ils auront moins que rien. Nous devons lutter contre cet écart grandissant.

Il insiste sur les mots qui suivent :

— Cela devrait être notre cible. Rapprocher les deux mondes l'un de l'autre jusqu'à les rendre comparables, et si possible égaux. Oui, cela devrait être notre cible. Elle est moralement noble, et pratiquement tout la justifie.

— N'est-ce pas un peu facile à dire ?

— Bien sûr. Mais il faut commencer par le dire, et par le dire clairement. Tous les problèmes que nous évoquons vous et moi, et que chaque individu rencontre dans sa vie de tous les jours, famine, chômage, délinquance, insécurité, déviations psychologiques, épidémies diverses, drogue, folie, désespoir, terrorisme, tout est lié à ce fossé qui va s'élargissant entre les peuples, et qu'on retrouve bien entendu à l'intérieur même des nations riches. Le bouddhisme est absolument formel sur ce point, et notre expérience ancienne nous le confirme à chaque instant : tout se tient, tout est inséparable. En conséquence, il faut réduire cet écart.

— Comment faire ?

— Il faut dire, avec persuasion et bonne volonté, mais aussi avec une précision scientifique, il faut dire aux peuples du tiers monde : vous voulez que votre niveau de vie soit comparable à celui des pays du Nord ? Eh bien, commencez par limiter vos naissances. Sinon, inutile même d'essayer.

— Nous en revenons donc à cette notion d'éducation.

— D'information d'abord, d'éducation ensuite. Nous ne pouvons pas l'écarter.

— Mais les délaissés sont si nombreux. Sans aucun accès à la parole. Nous les oublions si facilement. Et puis nous savons bien que les prix des matières premières, sur lesquelles reposent toutes les économies chancelantes des pays du Sud, nous savons bien que ces prix se décident en Occident !

— Je n'ai pas dit que c'était facile. Loin de là. Je dis par où je crois qu'il faudrait commencer.

— Plusieurs ethnologues et penseurs occidentaux, en particulier un des plus prestigieux d'entre eux, Claude Lévi-Strauss, se sont demandé si notre forme de civilisation ne possède pas en elle-même un charme fatal, irrésistible.

— C'est-à-dire ?

— Depuis le XVIIIe siècle, depuis que l'Europe, cernée par l'industrie, s'est élancée à la conquête du globe, toute culture qui entre en contact avec la nôtre paraît tout aussitôt séduite. Elle désire acquérir immédiatement nos connaissances, notre compétence technique, la domination que nous affichons sur une nature soumise, et surtout les objets que nous fabriquons. Lévi-Strauss se demande[1] si cette séduction, qui tend à uniformiser le monde, n'est pas fatale pour les uns comme pour les autres. Une civilisation globale lui paraît inimaginable et en tout cas dangereuse. Il dit même, et il est loin d'être le seul, que les cultures ne vivent que par leur diversité, en se comparant et en s'affrontant. L'emprise universelle d'une de ces cultures au détriment des autres signifierait peut-être la disparition, du point de vue de l'anthropologue, de la notion même de culture.

Il me demande de préciser ce point. Je lui raconte certains souvenirs personnels, des images d'Indiens

---

1. Dans plusieurs de ses ouvrages, et en particulier dans *Race et Histoire*, Paris, UNESCO, 1952.

amazoniens à peu près nus, ornés de plumes, et manipulant avec dextérité des caméras vidéo. Nous croyons voir que tous les peuples, depuis près d'un siècle, ont adopté notre « mécanique ». Comme le dit le philosophe iranien Daryusch Shayegan, les peuples non européens, qui jusqu'au XIXe siècle utilisaient des objets dont ils contrôlaient la fabrication (et cela vaut pour les armes à feu), ont dû soudainement, à partir de la machine à vapeur et de l'apparition de l'énergie active, indépendante et contrôlable, s'habituer à des moteurs, à des instruments, à des objets qui leur échappaient, dont ils n'étaient plus les maîtres, qu'ils recevaient d'ailleurs[1].

— Il me semble, lui dis-je, que ce mouvement continue, et même qu'il s'aggrave. Tout le savoir appartient à l'Ouest, qui le protège et l'affine sans cesse.

Il réfléchit assez longuement en silence. Il me semble, à chacun de ces silences, que je peux sentir l'épaisseur de sa réflexion, comme si des siècles d'autres pensées, avant la sienne, s'accumulaient en lui, l'aidant à s'exprimer.

Il dit avec simplicité :

— Je ne suis pas sûr d'être de votre avis.

— En quel sens ?

— Nous avons évidemment l'impression que toute la technique vient de l'Ouest, et des pays rattachés à l'Ouest, comme le Japon. Mais cette civilisation mécaniste est-elle *intimement* liée à l'Ouest ? Je ne crois pas.

Il ajoute comme une évidence :

— Les Indiens d'Amazonie veulent une caméra : ils ont raison ! Elle leur convient aussi bien qu'à un

---

1. Voir en particulier Daryusch Shayegan, *le Regard mutilé* (Albin Michel, 1989) et *les Illusions de l'identité* (Éditions du Félin, 1992).

Français, qu'à un Allemand ! Ce n'est pas parce qu'ils n'ont pas inventé et fabriqué cet engin que la caméra leur est étrangère ! Ils ne portent pas de vêtements : cela ne signifie pas que les vêtements leur manquent ! C'est comme ça, c'est tout.

Je retrouve l'aspect concret, très factuel, du bouddhisme de tous les temps. J'essaie de faire remarquer que certains Indiens imitent jusqu'à nos vêtements. Ils nous demandent une chemise et la mettent sans jamais l'enlever. S'il pleut, ils continuent à la porter mouillée, ce qui ne va pas sans risque de rhume, ou de pneumonie.

Mais je n'ai pas le temps. Le Dalaï-Lama poursuit :

— Bien sûr, nous devons respecter les traditions locales, et ne rien imposer par force. Mais le dénuement que nous rencontrons partout nous impose certains gestes. Nous devons donner de la nourriture, des médicaments, et aussi de la technologie. Impossible de faire autrement. En elle-même, la technique n'a rien de mauvais. Née à l'Ouest, elle a recouvert rapidement toute la terre. L'Est s'y adapte avec facilité. Sur certains points, par exemple en ce qui concerne les prix de revient, il est même le plus efficace. Franchement, je ne crois pas que la mécanique puisse *s'identifier* à l'Occident. Elle est notre bien commun. Qui sait ? Elle peut même nous rapprocher et nous mêler.

— Il serait dangereux de séparer l'humanité en deux uniquement d'un point de vue technique ?

— Évidemment. D'ailleurs toute séparation humaine est dangereuse. Le critère technique n'est pas meilleur qu'un autre. Ce qu'un homme invente est bon pour tous les hommes.

— Reste, lui dis-je, l'attitude mentale. Le sentiment de supériorité.

— Ce sentiment existe, c'est vrai. Personne ne peut le nier. Cette attitude mentale, comme vous l'avez dit, est même sans doute souterrainement liée au judéo-christianisme, au plein pouvoir sur la nature donné à l'homme par l'homme lui-même, utilisant le truchement de Dieu. Dans cette entreprise de domination, qui fonctionnait à merveille jusqu'aux récents périls de contamination, la technique est l'arme sans égale.

— Pour dominer la nature, pour dominer aussi les autres hommes.

— C'est évident. Et la technique est incomparable tout simplement parce qu'elle obtient des résultats. Et des résultats immédiats. Ce n'est pas comme la prière !

Il rit très fort, puis il ajoute :

— Si la prière donne des résultats, ils sont le plus souvent invisibles ! Vous pouvez toujours attendre !

Il enlève un instant ses lunettes. Son visage, qui est beau, dominé par un front très haut, paraît tout à coup plus asiatique, comme celui qu'on pourrait prêter à un maître de zen.

Il reste ainsi un moment, tenant ses lunettes à la main. Il continue, cessant de rire aussi brusquement qu'il a commencé :

— Les gens sont attirés par les résultats immédiats. Quoi de plus normal ? Pourquoi les en priver ? Même de sincères pratiquants du bouddhisme ont des caméras et des montres. Moi-même j'en ai une. Regardez.

— Je sais même que vous aimiez les réparer dans votre jeunesse.

Il sourit à cette évocation. Dans son livre de souvenirs[1], il a raconté comment la découverte d'une boîte de musique cassée, cadeau du tsar à son prédécesseur,

1. *Au loin la liberté*, Fayard, *op. cit.*

avait éveillé chez lui, dès son enfance, un goût très vif pour le bricolage. Plus tard il en vint à décortiquer des montres. Certains chefs d'État, comme Roosevelt, lui en envoyaient à réparer. Il n'y réussissait pas toujours.

— D'un autre côté, me dit-il, si un individu possède une base spirituelle suffisante, il ne se laissera pas submerger par la tentation technologique et par la folie de la possession. Il saura trouver le juste équilibre, sans trop demander, et dire : j'ai une caméra, elle me suffit, je n'en veux pas d'autre. Le danger constant est d'ouvrir la porte à l'avidité, un de nos ennemis les plus acharnés. Et c'est ici que s'exerce le véritable travail de l'esprit.

— Cette base spirituelle dont vous parlez n'est pas la chose du monde la mieux partagée.

— Il s'en faut de beaucoup. Mais nous travaillons à un meilleur partage. Nous y travaillons tous les jours, en ce moment même. Car ceux à qui manque cet équilibre, né d'une réflexion, d'un travail serein de l'esprit, sont les esclaves désignés de la technique et de l'avidité.

— Ils en viennent même à croire que le vrai travail de l'esprit est de produire ces objets mécaniques. Ils y voient le triomphe de la pensée, notre plus belle œuvre. Ils se distribuent des diplômes et des médailles dans des concours, ils encaissent leurs bénéfices, ils sont satisfaits.

— Je le répète : la technique n'a rien de mal en soi. Elle ne porte aucun péché, comme vous dites (la notion de péché est étrangère au bouddhisme). Le progrès non plus, au sens de progrès matériel et de progrès des connaissances. Mais l'esprit humain, tel qu'il nous apparaît, est-il capable de s'adapter à cette technique, de s'y accommoder, de ne pas se laisser griser ?

— Toute technique est fascinante. Un jour ou l'autre elle en arrive à proclamer, par la bouche de ceux qui la dominent, qu'elle se suffit à elle-même, qu'elle peut se passer de la pensée.

— Raison de plus pour insister, dit-il. Un équilibre est indispensable. Mais cet équilibre, il ne faut pas le rechercher en abaissant par contrainte le niveau de la réalisation technique. Cela serait absurde et probablement irréalisable. Il faut le rechercher en élevant le niveau de l'esprit.

Nous nous approchons de plus en plus du domaine royal, sur lequel le bouddhisme, depuis l'origine, concentre l'essentiel de son effort, de sa recherche : le territoire des opérations de l'esprit. Inévitablement, tout nous y conduit. Mais je ne veux pas précipiter notre marche. Je sens que mon interlocuteur prolonge le temps, développe sa pensée. Même s'il s'est déjà exprimé sur ce point, j'aime qu'il se répète, qu'il cherche des formulations nouvelles — lesquelles nous ramènent aux portes de l'utopie, de ce rêve d'éducation planétaire qui paraît impossible, et pourtant sans laquelle tout paraît impossible.

Il revient à cette idée que la technique, œuvre humaine inévitable, n'est jamais à blâmer. Qu'elle se prête à des usages néfastes, oui, souvent. Mais dans ce cas l'utilisateur seul est coupable. On ne condamne pas l'allumette à la place de l'incendiaire.

— Une chose me frappe, dit-il. Les pays techniquement très développés, comme le vôtre, ont souvent à affronter d'autres absences, une sorte de vide dont on me parle souvent. Un vide d'esprit, de vie spirituelle.

— Cette expression me paraît ambiguë. Personne ne peut dire que l'Occident ne fait pas travailler ses cerveaux. Nous allons jusqu'à nous les acheter, nous les dérober, d'un pays à l'autre.

— Ce n'est pas de cela que je parle. Les cerveaux occidentaux travaillent, ils travaillent même beaucoup, mais toujours dans le sens d'une efficacité. L'esprit se met ainsi au service du résultat. Comme tout serviteur, il renonce à son indépendance. Je vous parle d'une autre forme de vie spirituelle, plus détachée et plus profonde, délivrée de l'obsession du but à atteindre. D'une certaine manière, l'invasion universelle de la technologie, partout où elle passe, amoindrit cette vie de l'esprit.

— Il faudrait donc la restaurer ?

— Oui. Et c'est urgent. Même d'un simple point de vue égoïste : nous avons plus besoin d'un supplément d'esprit que d'un supplément de technique. L'appétit de concret est dans la nature humaine. Et c'est normal. Nous voulons voir, nous voulons toucher, nous voulons obtenir. De ce point de vue, le XXe siècle, par ce qu'il a réalisé, a probablement dépassé nos rêves les plus anciens. Les hommes ont créé des objets qui les ont surpris. Tous les champs du désir ont été explorés et souvent satisfaits.

— Du moins en théorie. Encore faut-il que ces objets puissent être acquis.

— Naturellement. Et il faut ajouter que rien n'est jamais établi pour toujours, que rien n'est stable. Le bouddhisme est très utile sur ce point. Il nous aide à nous préparer à l'écroulement des empires, des idées reçues. Au bouleversement, aussi, de nos désirs.

— À la fin des années soixante, nous avons cru que l'amour physique était comme par miracle débarrassé des antiques contraintes. La médecine permettait à la fois de lutter contre les maladies vénériennes et d'éliminer, pour les femmes surtout, la peur d'une fécondation. Et puis le sida est arrivé, sorti on ne sait d'où. La mort par le sexe est réapparue, plus terrifiante que jamais.

— Il existe une griserie de ce pouvoir que nous nous donnons sur les choses. Cette griserie nous conduit à ne plus contrôler nos appétits. Nous voulons plus, et plus encore. Au lieu d'apaiser le feu, nous le ravivons. Au lieu de rechercher le désarmement intérieur, le seul qui importe, nous perfectionnons, nous multiplions nos outils de conquête. Et même nous oublions de vérifier si l'accomplissement de notre désir est bien celui que nous avions souhaité.

— Oui, cette notion de vérification est importante, et peu souvent notée. Nous nous contentons souvent de n'importe quoi. Il suffit que l'*image* de l'objet souhaité corresponde à notre désir. Nous en oublions la vraie qualité.

— Nous oublions aussi que le désir de mon voisin n'est pas forcément le même que le mien.

— Oui, lui dis-je, notre monde, en apparence, est de plus en plus uniforme, et pourtant il est difficile, plus difficile que jamais peut-être, d'y trouver quelque chose d'universel...

— Comme le bouddhisme !

Et il rit.

Nous parlons un moment de l'Afrique, continent qui pour certains paraît aujourd'hui presque perdu, à la dérive. Outre une dépendance économique de laquelle dépend sa survie, l'Afrique est menacée dans sa culture même. J'évoque brièvement les épreuves qu'un cinéaste africain, par exemple, doit traverser pour faire un film. Un dur parcours initiatique, qui n'aboutit que rarement. Ce continent où, de tout temps, la place de la parole et de l'histoire, par la bouche du griot, a été prépondérante, indispensable, connaît la plus grande peine à se raconter aujourd'hui ses propres histoires, avec les moyens contemporains, c'est-à-dire la radio, la télévision, le livre. Les habitants des pays d'Afrique, ceux en tout cas qui peuvent regarder la télévision, n'y voient que des séries américaines, histoires fabriquées ailleurs et qui ne leur parlent jamais d'eux-mêmes. Une des formes de l'exclusion moderne : l'absence de miroir. Exclusion d'autant plus périlleuse que l'image qu'ils reçoivent des États-Unis est doublement trompeuse. Le monde ne se réduit pas à la Californie, chacun peut s'en douter, mais la Californie elle-même, territoire complexe, contrasté et changeant (le nombre des *homeless*, des sans-domicile fixe, est plus important à Los Angeles qu'à Dakar), ne peut en aucune manière se réduire aux sempiternels conflits sentimentaux qui opposent deux blondes au bord d'une piscine, ni aux aventures toujours victorieuses d'une paire de policiers séducteurs et décontractés.

L'Afrique se trouve dans l'incapacité — soigneusement, sans doute, entretenue par l'Occident — de fabriquer ses objets d'aujourd'hui, caméras, tracteurs, avions, ordinateurs. Impuissance qu'on peut craindre durable. Peut-elle au moins nous donner quelque chose en échange ? Une partie de sa sagesse, de sa fantaisie, et aussi de sa vie spirituelle, plus profonde que nous le pensons ? Je ne suis pas sûr, et mon interlocuteur ne l'est pas plus que moi, que cet échange soit encore possible. Nous recevons de moins en moins de l'Afrique. Des voix se taisent, faute de pouvoir s'exprimer. Un continent tout entier semble menacé de silence et d'effacement. À la détresse physique s'ajoutent, tout aussi durs, l'isolement et le bâillon.

— Que pouvons-nous attendre de l'Asie ?

Je vois que ma question n'a pas de réponse précise. Elle est vague. Je pourrais aussi bien demander : quels sont aujourd'hui les rapports de l'Asie et de l'Afrique ? Il n'existe personne au monde qui puisse répondre à cette question.

Tandis que le Dalaï-Lama me regarde sans me répondre, je lui dis :

— Soyons honnêtes : en Occident, la religion chrétienne n'est plus qu'une surface. Une sorte d'obligation ou de décoration sociale.

— C'est une partie du problème, me répond-il. La religion ne joue plus son rôle.

— À supposer qu'elle l'ait jamais joué. Toute son histoire la montre davantage préoccupée par les problèmes de ce monde, et même par l'exercice du pouvoir, que par le territoire profondément spirituel.

— Ce territoire appelé spirituel, me dit-il, se satisfait souvent de la récitation et du commentaire des Écritures, quelle que soit la tradition, comme si toute la vérité de l'esprit, donnée il y a deux mille ans, pouvait se contenter d'être constamment répétée.

— Alors que la nature même de l'esprit, si je comprends ce que vous me dites, paraît être de s'interroger perpétuellement.

— En tout cas, il est en son pouvoir de le faire.

Je sais bien que cette puissance des Écritures anciennes se manifeste encore fortement dans le bouddhisme, mais l'homme qui m'écoute m'a déjà dit, à deux reprises, que si une découverte contemporaine contredit les Écritures, il faut aussitôt les changer.

— Je voudrais souvent recevoir, lui dis-je, ce que je ne peux plus trouver chez moi, dans nos religions, dans nos traditions et nos textes. Si je lis saint Thomas ou saint Augustin, ils ne me parlent jamais de moi. Le présupposé divin conditionne et écrase chaque page. Or, il m'est impossible d'adhérer à notre Credo.

— *Credo ?*

Il ne semble pas connaître ce mot. Lhakdor, son assistant, lui donne une explication, avec mon aide.

Je continue :

— Je ne peux pas croire, même d'une manière allégorique, que Dieu a créé le ciel et la terre, puis la lumière, puis le jour et la nuit, les astres, *et cætera*...

Il sourit en m'écoutant.

— Je me demande : qu'était donc le ciel sans les astres ? Qu'était la lumière sans le jour ? Je connais les millions de questions qu'ont suscitées ces textes mythiques, considérés longtemps — et encore aujourd'hui par certains — comme des textes historiques. Mais cela ne m'intéresse pas. Je ne vois dans ce décryptage laborieux rien qui me paraisse digne de ce que vous appelez la vie de l'esprit. D'ailleurs, je vous pose la question : n'est-ce pas une erreur grave, une erreur racine, que de confondre vie spirituelle et vie religieuse ?

— Elles sont séparées. Cela ne fait aucun doute. J'ai eu souvent l'occasion de le dire[1]. Nos Écritures affirment que la Lune se trouve à cent miles au-dessus de la Terre, et que le centre de la Terre est le mont Meru. Si ce mont existe, nous aurions dû le trouver depuis longtemps, ou tout au moins découvrir des indices de son existence. Comme ce n'est pas le cas, nous devons nous éloigner du sens littéral des Écritures.

— Et si certains refusent ?

1. En particulier dans *The Bodhgaya Interviews*, Snow Lion Publications, Ithaca, New York, 1988.

— C'est leur affaire. Inutile de perdre notre temps à discuter avec eux.

Un an plus tôt, à la télévision française, j'ai vu un reportage assez inquiétant sur une école rabbinique, en plein Paris. Les professeurs apprennent aux élèves, conformément aux écritures juives, que la terre a été créée par Dieu il y a un peu plus de six mille ans, et que tous les prétendus vestiges paléontologiques, que les spécialistes recherchent et étudient, ont été disposés par le diable à seule fin de nous égarer. Étrange préparation pour le XXIe siècle. Qu'en penserait Margaret Mead ? Malheureux enfants, qui devront passer toute une partie de leur vie à désapprendre ce qu'ils avaient cru savoir...

À l'inverse de la presque totalité des religions, surtout des religions monothéistes, qui sont bâties sur une foi que rien ne raisonne, souvent appelée « aveugle », le bouddhisme insiste sur les phénomènes que nous pouvons voir, toucher et comprendre. Le mot sanscrit *sraddhâ*, que nous traduisons généralement par croyance, signifie davantage « confiance née de la conviction[1] ».

— La foi elle-même, ou la croyance, me dit le Dalaï-Lama, au sens que vous donnez à ces mots, tient dans le bouddhisme une place restreinte. Le fondateur lui-même nous a renvoyés sans ambiguïté à notre vérification personnelle, et son enseignement nous invite toujours à « venir voir ». Loin de nous bander les yeux en nous ordonnant de croire, il s'efforce au contraire de nous ôter tout obscurcissement, d'aiguiser, de prolonger notre regard. La foi ne commence qu'au moment où la vision s'arrête.

---

1. Walpola Rahula, *l'Enseignement du Bouddha,* Paris, 1978, *op. cit.*

Répondant un jour à un jeune disciple qui l'interrogeait sur l'établissement ancien de la vérité, transmise par les brahmanes de génération en génération, Çâkyamuni fit admettre qu'aucun de ces brahmanes n'avait, personnellement, vu et touché la vérité. Tous se contentaient de la répéter comme une leçon bien apprise. Et le Bouddha comparait ces générations de brahmanes à une longue file d'hommes aveugles : chacun se cramponne au précédent, et aucun ne voit.

Naturellement, il faut apporter quelques nuances à ce tableau. Une telle « confiance » s'est constituée et perpétuée, à l'égard des paroles de l'Éveillé, que nous pouvons bien dire que la vérité de cette parole est bel et bien l'objet d'une croyance, au moins dans la dévotion populaire. D'ailleurs le bouddhisme a analysé et explicité la notion de foi, comme il le fait pour toutes nos notions. Mais à un plus haut niveau, là où la spéculation, le doute méthodique et les joutes oratoires les plus pointues restent de mise, le principe d'autorité peu à peu s'efface. Tout au long de nos conversations, jamais le Dalaï-Lama ne m'a opposé une seule affirmation que nous pourrions appeler dogmatique. Jamais il ne m'a dit : c'est ainsi parce que c'est ainsi, ou bien parce que le Bouddha l'a dit, ou bien parce qu'on le trouve dans tel ou tel texte.

Jamais, sauf peut-être sur un point, qui touche à la réincarnation.

Nous y viendrons.

4

C'est du dedans que je te ressemble

Dans le numéro 3 de la revue *la Révolution surréaliste*, du mois d'avril 1925, se trouve ce texte collectif intitulé « Adresse au Dalaï-Lama » :

Nous sommes tes très fidèles serviteurs, ô Grand Lama, donne-nous, adresse-nous tes lumières, dans un langage que nos esprits contaminés d'Européens puissent comprendre, et au besoin, change-nous notre Esprit, fais-nous un esprit tout tourné vers ces cimes parfaites où l'Esprit de l'Homme ne souffre plus.

Fais-nous un Esprit sans habitudes, un esprit gelé véritablement dans l'Esprit, ou un Esprit avec des habitudes plus pures, les tiennes, si elles sont bonnes pour la liberté.

Nous sommes environnés de papes rugueux, de littérateurs, de critiques, de chiens, notre Esprit est parmi les chiens, qui pensent immédiatement avec la terre, qui pensent indécrottablement dans le présent.

Enseigne-nous, Lama, la lévitation matérielle des corps et comment nous pourrions n'être plus tenus par la terre.

Car tu sais bien à quelle libération transparente des âmes, à quelle liberté de l'Esprit dans l'Esprit, ô Pape acceptable, ô Pape en l'esprit véritable, nous faisons allusion.

C'est avec l'œil du dedans que je te regarde, ô Pape, au sommet du dedans. C'est du dedans que je te ressemble, moi, poussée, idée, lèvre, lévitation, rêve, cri, renonciation à l'idée, suspendu entre toutes les formes et n'espérant plus que le vent.

Ce texte juvénile (Breton, Aragon, Artaud, Éluard, Desnos le rédacteur et les autres membres du groupe ont alors de vingt-cinq à trente ans) montre clairement, aujourd'hui encore, ce qui peut fasciner dans ce bouddhisme-là : non pas un changement de croyances, ni l'abandon d'un rituel pour un autre, mais une véritable métamorphose de l'esprit, qui fut le cri du cœur surréaliste. « C'est du dedans que je te ressemble » est en ce sens la phrase la plus nette.

Si nous voyons mal les membres du groupe surréaliste en train de faire tourner des moulins à prières, nous pouvons en revanche les imaginer à la recherche d'« habitudes plus pures » et d'une qualité toujours plus haute de l'esprit les conduisant « au sommet du dedans ». C'est bien dans ce domaine-là que le bouddhisme ne cesse de lancer son appel.

Je me retrouve auprès de ce « pape acceptable » et nous reprenons notre chemin.

Ce chemin passe et repasse par l'ignorance et par l'éducation. Loin de toute illumination magique, le Dalaï-Lama insiste sur la patience, la difficulté et le long travail quotidien.

Nous parlons encore du grand désordre des idées qui semble frapper l'Occident, qu'il voit privé d'une dimension, abandonné à la suprématie incontestée de la matière. Nos papes sont en effet rugueux ; ils manquent de sourire et d'hospitalité. Ils repoussent le vent ; les rêves et les cris, de toute évidence, les importunent.

Je dis au Dalaï-Lama que non seulement notre religion nous semble monotone et stérile, mais que, de l'autre côté, dans ces traditions plus récentes qui sont celles de la république, un certain nombre d'enseignements civiques ont disparu de nos écoles. Tout ce qui pouvait donner un support à nos existences, nous l'éliminons peu à peu, au profit du savoir concret et utilitaire. Peut-être pense-t-on que la république et la démocratie sont assez solidement inscrites en chacun de nous pour n'avoir plus besoin de ce support scolaire. Mais je doute de cette solidité. Je vois au contraire la démocratie comme soumise à une menace constante. Je crois que sa force est réelle, et que l'expérience prouve cette force. Mais tout le monde n'est pas de mon avis. Aussi ai-je tendance à penser quelquefois que notre système politique a besoin de mythes, de symboles, peut-être même d'un catéchisme. Après quoi je me dis que, comme dans d'autres domaines, ces éléments sont forcément guettés, à brève échéance, par une forme de caducité implacable. Et c'est pourquoi, comme la plupart de mes contemporains, je me résigne à les voir disparaître.

Le Dalaï-Lama retourne à ma question sur vie spirituelle et vie religieuse :

— Le point que vous avez soulevé est extrêmement important. Il faut y revenir. Beaucoup considèrent que ces deux activités n'en font qu'une. Les chefs religieux, ici et là, proclament hautement qu'ils occupent ce terrain spirituel, qu'il est leur apanage. Par là même, à les entendre, si quelqu'un rejette la religion, il rejette du même coup toute expérience spirituelle.

— Ce qui est parfaitement abusif. Pourquoi la vie spirituelle serait-elle liée nécessairement à quelque croyance surnaturelle ? Nous pourrions presque dire le contraire, que la foi est l'abandon de l'esprit.

— On pourrait en effet le dire. Mais je ne cherche à détourner personne de sa foi, s'il la pratique avec tolérance. Regardez cependant où la confusion entre religieux et spirituel peut conduire : imaginons un homme qui parle de la notion de bienveillance ou de pardon, ou encore de la compassion, cette attitude qui, vous le savez, est un des fondements du bouddhisme. Un autre homme, qui n'a aucun souci religieux, écoute le premier et dit en haussant les épaules : tout ça, c'est de la religion, ça ne m'intéresse pas.

— Il a tort, évidemment.

— Il a absolument tort ! Il est tombé dans un piège grossier de vocabulaire ! Les mots « compassion » ou « charité » l'ont aveuglé. Or, il s'agit de qualités humaines, purement humaines. Nous n'avons pas eu besoin d'une révélation divine pour les acquérir ou les découvrir. Bien entendu, en théorie, toutes les religions recommandent la compassion, et aussi la tolérance, la générosité, le goût de la connaissance, toutes les bonnes qualités humaines.

— Mais elles ne peuvent pas les accaparer.

— En aucun cas. C'est une attitude illégitime.

— Nous l'appelons : un amalgame.

— Voyez les animaux : on peut dire qu'ils manifestent entre eux une certaine entraide, une certaine tolérance, et même qu'ils montrent de la compassion. Mais il est clair que, dans ce domaine, les sentiments humains semblent plus profonds et plus obstinés. Les hommes peuvent également, quand ils atteignent le point de plus haute qualité, montrer du désintéressement, ce qui chez les animaux me paraît beaucoup plus rare, sinon totalement absent. Sur cette base spécifiquement humaine, nous avons peu à peu édifié certains concepts qui varient d'une culture à l'autre, comme le Dieu créateur, le paradis, l'enfer...

— La vie éternelle...

— ... le *nirvâna*, la *moksa*, qui est la libération de nos entraves, d'autres encore. Ces concepts peuvent être proclamés universels, valables pour tous les êtres humains, sans distinction de race, de tradition, de caractère.

— Proclamés, et souvent imposés de force.

— Oui, hélas ! Mais on peut dire aussi, comme c'est le cas dans le bouddhisme, que ces notions ne sont à respecter strictement que par les vrais pratiquants. On peut les proposer aux autres, sans les imposer. Même si nous les estimons universelles, nous respectons chez les autres toutes les particularités qui leur interdisent de les accepter. Chacun doit être libre d'accepter ou de refuser telle croyance, tel concept.

— L'homme reste libre de ses adhésions ?

— Bien entendu.

— L'Occident s'est très longuement interrogé sur cette prétendue liberté. Ne sommes-nous pas commandés par le milieu où nous sommes nés, par les croyances qui nous entourent, par notre enfance, par tous les éléments plus ou moins clairs qui nous composent ?

— C'est certain. Et c'est pourquoi la tâche est difficile. Mais je peux dire qu'à un certain niveau de réflexion, l'homme a toujours le choix. Il peut acquérir cette liberté, se détacher de tout ce qui le bloque. Et il doit le faire. J'ai dit un jour qu'à ce qu'il me semble Dieu s'est endormi quelque part[1]. Je plaisantais, comme vous pensez, puisque nous ne tenons pas compte d'un dieu créateur. Mais il est vrai que si Dieu s'est endormi, c'est à nous de nous réveiller.

— On ne peut pas rejeter tous nos malheurs sur Dieu.

— Ni sur le destin, ni sur le *karma*, qui est notre loi d'enchaînement des causes, des faits et des effets. Tout cela relève d'une attitude plutôt lâche. S'il est vrai — comme je le crois — que la diversité des attitudes religieuses est un reflet fidèle de la diversité humaine, ce n'est pas dans une croyance que nous devons chercher notre unité.

— C'est dans l'action ?

— Dans l'action responsable et réfléchie. Dans un domaine comme celui de l'environnement, dont nous avons longuement parlé, il me semble, par simple bon sens, que nous devrions tous nous accorder, comme des enfants sur la vie de leur mère.

— Sans religion, on peut aussi survivre ?

— Mais naturellement. Faites le compte : nous sommes plus de cinq milliards sur la planète. Trois milliards n'ont aucune espèce de religion. Sur les deux milliards qui se disent religieux, un milliard seulement de fidèles, se réclamant de telle ou telle religion, me paraissent sincères. Un milliard sur cinq, ce qui veut dire une minorité. C'est évidemment pour les autres quatre milliards que nous devons aujourd'hui travailler !

— Et comment travailler ?

— Tout part de nous. De chacun de nous. Les qualités indispensables sont la paix de l'esprit et la compas-

1. *Ainsi parlait le Dalaï-Lama*, Balland, 1990, *op. cit.*

sion. Sans elles, inutile même d'essayer. Ces qualités sont indispensables, elles sont aussi inévitables. Je vous l'ai dit : nous les rencontrons à coup sûr en nous, si nous prenons la peine de les chercher. Nous pouvons rejeter toute forme de religion, nous ne pouvons pas rejeter hors de nous la compassion et la paix de l'esprit.

— Cependant, certains individus paraissent aisément y parvenir.

— Bien entendu, et pour plusieurs raisons, dont une est l'ignorance. Je ne parle jamais de la totalité des êtres humains, je sais bien qu'ils présentent des différences qui vont parfois jusqu'à des distorsions extrêmes. Je parle des hommes et des femmes de bonne volonté, qui ont le désir de faire quelque chose de leur vie.

— S'accrocher à un Dieu inconnaissable, inatteignable, n'est-ce pas se décharger de cette responsabilité dont vous parlez ?

— Dans certains cas, peut-être. Mais pas nécessairement. L'idée de Dieu peut aussi conduire à de très beaux actes de compassion.

— Et à des prohibitions, des exclusions, des meurtres.

— Risques de toute foi.

— Cette obligation intérieure de faire partager aux autres, à toute force, ce qu'on prend pour une vérité universelle, et qui n'est jamais que relative...

— Comme toute vérité !

À sa manière souple, et pourtant convaincue, il revient chaque fois, par un détour imperceptible, à une constatation bouddhiste, comme si, dans ce labyrinthe où nous avançons en parlant, des lampes fixes avaient été mises de place en place. Ici nous repassons devant la lampe relative. Elle nous éclaire un moment.

On peut remarquer au passage que l'affirmation d'une certaine relativité du monde aide à l'effacement de Dieu. Dans un contexte religieux, l'existence assurée de l'univers, indifférent à notre regard, dominateur et impénétrable, nous conduit à nous demander pourquoi, par qui cette masse a été créée. Dieu est évidemment la première réponse.

Je lui redis mon admiration pour la phrase de Çâkyamuni : « N'attendez rien que de vous-mêmes. » Je retrouve un sentiment qui m'avait frappé, il y a une quinzaine d'années, en travaillant une pièce qui s'appelait *la Conférence des oiseaux*, inspirée d'un poème persan de Farid-od-din Attâr et mise en scène par Peter Brook. Las de leur existence médiocre et inutile, des oiseaux s'élancent à la recherche de leur roi mythique, qui s'appelle Simorgh. La plupart, fatigués, déçus, ou séduits par les surprises du voyage et les idoles qu'ils rencontrent, s'arrêtent en route. Un petit groupe d'oiseaux opiniâtres, conduits par la huppe, franchissent les déserts et les sept vallées d'émerveillement et de terreur. Épuisés, les ailes brûlées, ils parviennent enfin en présence de l'oiseau-roi. Cent rideaux s'écartent, une vive lumière brille, mais ils ne voient rien qu'un miroir. Une voix leur dit que ce miroir est la seule vérité. Ce Simorgh qu'ils ont cherché, c'est eux-mêmes. Il ne faut rien attendre d'autre. La voix ajoute une phrase magnifique, dont les échos retentiront longtemps dans la poésie persane : « Vous avez fait un long voyage pour arriver au voyageur. »

Je me dis quelquefois que le prince Siddhârtha, au cours de ses six années de recherche fiévreuse et de privations extrêmes, avait effectué le même voyage et reçu la même révélation d'une voix qui venait de lui-même. Révélation très dure à accepter, ne s'adressant qu'à un petit nombre d'individus, difficile à comprendre, à admettre (le Bouddha n'a cessé de le répéter), mais qu'il est impossible de renier ou de pervertir, à moins de se trahir soi-même.

— Il y a peut-être un dieu, me dit-il en souriant, mais il ne faut rien attendre de lui.

— Autrement dit, que Dieu existe ou qu'il n'existe pas, de toute façon, il n'existe pas ?

— Oui — et son sourire se transforme en grand rire — mais c'est peut-être lui qui nous a réunis ici !

— Oui, qui sait ?

— Ah, vous l'avez dit !

Il me saisit les mains et rit plus fort encore, comme pour me dire : je vous ai bien eu !

Il est d'usage d'écrire que le bouddhisme est né et s'est développé en Inde, deux siècles après la mort de Bouddha, et surtout sous le règne du roi Ashoka (273-232 av. J.-C.), en réaction contre le brahmanisme, la religion traditionnelle. Mais nous savons peu de chose sur le brahmanisme au Ve siècle avant notre ère. L'histoire parallèle de ces deux traditions, qui se termina plus tard, à partir du VIIe siècle de notre ère, par l'affaiblissement progressif et la quasi-disparition du bouddhisme en Inde, et son expansion dans toute l'Asie, cette histoire est faite d'oppositions mais aussi d'influences, d'échanges réciproques.

Sans entrer dans une analyse comparée, qui nécessiterait plusieurs gros volumes[1], il est bon de souligner

1. L'étude fondamentale que nous possédons en France s'appelle *l'Inde classique*, de Louis Renou et Jean Filliozat, avec d'autres collaborateurs. Elle a été republiée chez Payot.

quelques différences. Le brahmanisme, qu'on appelle aussi l'hindouisme, admet une multitude de dieux et de récits mythologiques. Selon les traditions, la création du monde y est racontée de plusieurs manières. Sans avoir la toute-puissance du dieu des religions monothéistes, les dieux indiens — qui sont soumis aux grands cycles du temps, aux *yugas* — peuvent intervenir dans les affaires humaines, et ils sont parfois considérés comme mortels. Aujourd'hui, les trente-six mille divinités du panthéon indien, si on quitte le niveau des cultes populaires, sont souvent utilisées comme une sorte d'immense vocabulaire, qui nous aide à parler du mystère du monde.

La vie humaine s'affronte à quatre notions ou activités fondamentales, qu'on appelle en sanscrit *dharma, artha, kâma, moksa*.

Le *dharma* est la grande loi de l'univers, l'ordre auquel nous devons nous plier. La particularité de la tradition hindouiste est d'affirmer que cette loi universelle se retrouve aussi en chacun de nous, que nous avons tous un *dharma* individuel, qu'il nous faut suivre avec clairvoyance et rigueur. Autrement dit, il faut savoir qui nous sommes (l'idée d'une permanence du soi est ici présente) et rester fidèles à ce que nous sommes. Si nos *dharmas* particuliers sont respectés, le *dharma* universel sera préservé. L'hindouisme introduit ainsi une sorte de solidarité entre l'être humain et le cosmos. Interrogé sur les raisons qui l'ont poussé à composer le *Mahâbhârata*, le grand poème du monde, Vyasa, l'auteur légendaire, répond : « Pour inscrire le *dharma* dans le cœur des hommes. »

Cette notion propre à l'Inde, le bouddhisme l'a conservée. Le *dharma* bouddhiste reste l'ensemble des phénomènes, soumis à la loi. Mais le mot a pris plus précisément le sens de « doctrine, enseignement du Bouddha, devoirs prescrits ». Même si l'aspect cosmologique s'est quelque peu atténué, au profit d'une observance humaine, le *dharma* reste le guide de toute vie, la connaissance indispensable.

La deuxième notion est celle de l'*artha*, mot qui signifie généralement les biens, les bonnes choses de la terre. Contrairement aux doctrines qui insistent sur le renoncement, l'hindouisme a plutôt tendance à dire que les biens de ce monde nous ont été donnés pour être goûtés, et que le renoncement n'est rien si nous ne savons pas à quoi nous renonçons. Ainsi, l'hindouisme recommande de ne pas quitter la société pour devenir un renonçant errant, un *sadhu*, avant d'avoir connu les enfants de ses enfants. Dans le bouddhisme, il arrive que des enfants soient désignés dès leur plus jeune âge, et voués à une vie monastique (qu'ils pourraient, il est vrai, quitter sans difficulté).

La troisième notion fondamentale est celle de *kâma*, qui est l'amour, moteur des mondes, et plus particulièrement l'amour sexuel. Le dieu Kâma est une sorte de Cupidon, souvent représenté avec un arc, des ailes, et lançant des flèches fleuries. C'est l'action de Kâma qui détermine le plus souvent le cycle de nos renaissances, le *samsâra*. Il est celui qui « intoxique », qui « agite l'esprit », le « conquérant invincible ». Dans l'hindouisme, cette force peut s'étendre au mouvement de l'univers. Le bouddhisme reste en général plus prudent — sauf dans la tradition tantrique.

Enfin la quatrième notion est celle de *moksa*, qui est la libération, la délivrance finale du cycle des renaissances, qui se situe au plus haut degré de la conscience. Dans l'hindouisme, cette délivrance conduit à la fusion avec le Brahman, l'être universel. Dans le bouddhisme, où le même mot est utilisé, elle préfigure le *nirvâna*. Au plus haut niveau concevable de conscience, là où l'esprit devient subtil, elle peut atteindre l'éveil, l'état de bouddha, qu'on traduit assez malheureusement en français par « bouddhéité ».

Parmi les êtres accomplis qui aspirent vivement à cet éveil et qui ont toute possibilité d'y parvenir, la tradition bouddhiste dite du Grand véhicule (*Mahâyâna*), celle qui nous intéresse ici, puisque le bouddhisme tibétain s'en réclame, fait figurer les *bodhisattvas*. Ces êtres, qui sont en quelque sorte des intermédiaires entre nous et la bouddhéité, et qui pourraient prétendre à la béatitude éternelle du *nirvâna*, préfèrent y renoncer pour rester à notre secours. Aussi longtemps que la souffrance humaine persistera, nous pourrons compter sur eux. Ils agissent ainsi par pure compassion à notre égard.

— *Bodhisattva*, vous connaissez ? me demande-t-il.

— Pas personnellement.

Il rit largement, puis il vérifie brièvement mes connaissances (il ne s'agit pas d'un examen, il veut simplement savoir à quel niveau il doit parler quand il en vient au bouddhisme même).

Avant son incarnation dans la personne du prince Siddhârtha, le Bouddha, au cours de ses existences antérieures, fut le *bodhisattva* par excellence. D'autres, très nombreux, lui ont succédé. Le plus vénéré d'entre eux, qui est l'essence même de la compassion (au point que les autres *bodhisattvas* sont quelquefois considérés comme ses dérivés, ses manifestations), s'appelle Avalokiteshvara. Il est « celui qui donne à boire à ceux qui ont soif », « le seigneur brillant qui regarde en bas », « la voix et la lumière du monde », « celui qui porte le lotus », le plus populaire des intercesseurs. Ses représentations sont multiples. Il peut prendre un grand nombre d'aspects. En ce moment, il ne fait aucun doute pour personne, à Dharamsala, qu'il a pris la forme de cet homme qui se tient à côté de moi, qui me parle, me regarde et me saisit parfois les mains.

Parmi les diverses effigies qu'on peut voir dans la pièce où nous sommes, certaines sont anciennes, d'autres ont été faites ici même. Présences dorées, rassurantes, entourées de petits bouquets de fleurs artificielles. Parmi elles, assez étrangement, ne figure aucune image d'Avalokiteshvara. Il est vrai qu'il est là, vivant.

— Si nous mettons de côté, me dit-il, l'idée invérifiable d'un dieu créateur et grand juge, nous en venons à la notion de ce qu'on pourrait appeler une « religion humaine » (il dit aussi parfois « humaniste »), c'est-à-dire née de la réflexion humaine pour répondre à un besoin humain. En ce sens, la notion de *bodhisattva* est peut-être plus scientifique que toutes les constructions théologiques.

La science, au sens le plus contemporain du mot (qui désigne souvent plus une recherche qu'un savoir), s'introduit de plus en plus dans notre dialogue. Rien de plus normal, puisque le bouddhisme parle constamment d'expérience, de vérification. En ce qui concerne les *bodhisattvas*, cette expérience reste étrangère aux traditions non bouddhistes, particulièrement aux Occidentaux. Ici, elle est le fruit de très minutieuses études. Admise comme un fait, elle est inséparable de la vie quotidienne.

Il me dit encore :

— La notion vécue du *bodhisattva* est sans doute un des éléments qui, aujourd'hui, attirent de plus en plus d'esprits curieux vers le bouddhisme. Je crois profondément que le bouddhisme est plus profond, plus sophistiqué que d'autres religions ou écoles de pensée.

Il ajoute aussitôt, se défiant toujours de toute propagande :

— Ce qui ne signifie pas que le bouddhisme soit supérieur, ni même meilleur. Ni surtout qu'il soit applicable à tous. Pour certains croyants, le dieu créateur est un concept plus puissant, peut-être même plus accessible, mieux adapté à certains peuples, à certaines cultures.

— Pourquoi ?

— Par la force même de l'habitude, de la tradition. Il est absurde de penser qu'en un seul mouvement toute une tradition va s'écrouler, que tous les hommes, comme par miracle, vont soudain nourrir les mêmes espérances, s'appuyer sur la même foi, la même pensée. Quand nous rencontrons une croyance très différente, et même opposée, mais profondément et sincèrement établie, nous devons la respecter.

Il montre le plateau posé sur la table et dit :

— C'est comme pour la nourriture. On ne peut pas dire que telle ou telle nourriture soit bonne pour tout le monde. Cela dépend du climat, des habitudes alimentaires, de l'altitude, de notre âge aussi, peut-être.

— De nos maladies.

— Oui, d'une grande diversité de circonstances.

Parlant de l'alimentation végétarienne, qui reste idéale pour les bouddhistes, il a raconté qu'en Inde, au début de l'exil, il a lui-même essayé de devenir végétarien, ce qui le rendit malade. Il dut s'y adapter très progressivement.

— De même pour la notion de *bodhisattva*. Je crois profondément qu'elle est plus réfléchie, plus adaptée au monde d'aujourd'hui que beaucoup d'autres concepts religieux. Nombreux sont les visiteurs qui m'en parlent, qui se sentent très proches de cette force de compassion, que nous trouvons au niveau le plus constant de notre nature inconstante, et que le *bodhisattva*, en quelque sorte, personnifie. Parmi ces visiteurs, je rencontre assez souvent des scientifiques. Mais cet intérêt ne nous donne aucun droit de juger les autres d'après notre particularisme. Nous ne détenons pas la vérité universelle, nous n'avons à offrir que les fruits d'une très longue réflexion, la nôtre.

— La notion de *bodhisattva* serait donc elle aussi relative ?

— Mais bien entendu. Nous n'avons aucun droit de l'appliquer en général, d'en faire un dogme universel. Lorsque je donne un enseignement, je prends toujours beaucoup de précautions, je dis : faites très attention, ne prenez pas de décision cruciale à la légère. C'est une coupure considérable que de changer de religion, de mode de vie, de pensée. Réfléchissez très longuement.

Cette attitude — assez exceptionnelle — s'appuie là encore sur un épisode tiré de la vie de Çâkyamuni. À l'époque de sa prédication, dans le nord de l'Inde, enseignait aussi le fondateur du jaïnisme, Mahâvîra, personnage considérable, plus âgé sans doute que Siddhârta.

Il arriva que Mahâvîra, ayant entendu parler des enseignements du nouveau venu, lesquels différaient des siens, dépêcha un de ses disciples, un riche laïc nommé Upâli, pour rencontrer Çâkyamuni et le défier en vue d'une controverse publique sur la notion de *karma*.

Au cours de cette controverse, Upâli fut assez rapidement convaincu par les arguments de Çâkyamuni. Du même coup, il lui apparut que l'enseignement qu'il recevait depuis des années de la bouche de Mahâvîra était erroné. Aussi demanda-t-il au Bouddha de l'admettre auprès de lui comme disciple laïc.

Çâkyamuni lui répondit que cette décision était trop hâtive. Il lui conseilla de réfléchir profondément. Lorsque Upâli revint à la charge, le Bouddha refusa de le garder auprès de lui et le renvoya à son vieux maître, en lui demandant de le respecter, de le soutenir.

Le bouddhisme ne cesse de répéter que la vérité n'a pas d'étiquette. L'exemple vient de loin, de l'Éveillé lui-même, qui écartait toute forme hâtive de recrutement, et aussi du roi Ashoka, premier souverain de l'Inde à se convertir au bouddhisme, sans pour cela cesser de manifester sa bienveillance à l'égard des autres croyances.

Lorsque, à la suite de Constantin, les empereurs romains se convertirent au christianisme, leur attitude à l'égard des païens et des juifs fut tout autre. Ils prirent à leur tour la voie de la persécution.

Les affirmations bouddhistes d'aujourd'hui ne signifient pas que l'histoire du bouddhisme fut exempte de toute violence. La Chine, en particulier, connut au Moyen Âge de durs affrontements. Malgré la tolérance reconnue des souverains Tang, certains d'entre eux, comme l'impératrice Wu (684-705), n'hésitèrent pas à utiliser le bouddhisme à des fins politiques brutales.

L'humanité est ainsi faite, dirait le Dalaï-Lama. De là, malgré la tolérance officielle, une vigilance intraitable, et principalement à l'égard de nous-mêmes.

D'où vient l'intolérance ? Du dedans ou du dehors ? D'un attachement férocement sincère à une conviction, ou d'un goût de la pompe, du pouvoir, de l'encens qui s'élève de larges foules prosternées ?

Comment nous débarrasser de ces tentations, comment — en reprenant les paroles surréalistes — « nous faire un esprit sans habitudes », comment « n'être plus tenus par la terre » ?

5

Vers une science de l'esprit

Le maniement des notions hindouistes et bouddhistes n'est pas chose aisée, non seulement à cause des mots eux-mêmes, difficiles à transcrire, mais de la volonté que nous avons de leur donner un sens précis dans d'autres langues, de trouver des équivalences dans d'autres systèmes de pensée. Ainsi le mot *dharma*, le mot *bodhisattva*, ne sont pas traduisibles en français, en anglais. Les racines de ces mots ne soulèvent en nous aucun écho. Le sens que nous leur donnons est sec, sans chair et sans couleur. Si nous les conservons dans la langue originale, sanscrit ou pâli, il nous faut une longue patience avant de les comprendre et de les sentir. Même une notion apparemment aussi universelle que la compassion prend dans le bouddhisme une consistance particulière. Loin d'apparaître comme un sentiment naturel, fait de douceur et d'amabilité, sentimental, assez banal au fond et parfois un peu kitsch (pour beaucoup de lecteurs pressés, le bouddhisme peut se résumer en une phrase : « Il vaut mieux être gentil que méchant »), la compassion est l'objet d'études précises. Pour reprendre une expression de Sogyal

Rimpoché[1], il existe « une logique de la compassion », dont les étapes, les opérations et les résultats (sur les autres mais aussi sur nous-mêmes) peuvent être étudiés d'une manière quasi scientifique.

Quand nous en sommes venus à parler du concept de *bodhisattva*, mon interlocuteur a commencé à s'inquiéter de la difficulté croissante, au fur et à mesure que nous avançons, du vocabulaire. J'ai essayé de le rassurer, je le pousse à ne pas reculer devant ce qui peut paraître difficile, voire inabordable en un simple livre. Nous évoquons les problèmes très voisins que rencontrent les scientifiques, quand ils veulent s'adresser au large public. Je lui parle d'un livre que j'ai composé avec deux astrophysiciens, Jean Audouze et Michel Cassé[2], où se présentaient les mêmes problèmes. Comment, par exemple, nous représenter un atome ? Et les particules dans cet atome ?

Je raconte une image qui me vient de ces deux savants. Prenons une orange, grossissons cette orange jusqu'aux dimensions de la terre. Après quoi, remplissons cette gigantesque orange de cerises : nous avons environ le nombre d'atomes dont une orange est constituée. Il s'agit d'un chiffre considérable, autour de 10^{20}.

À présent, si nous voulons atteindre le niveau des particules, prenons une de ces cerises. Imaginons que nous lui donnons les dimensions du dôme de la basilique Saint-Pierre, à Rome. Posons dans ce dôme un grain de riz. Nous avons ainsi la dimension relative du noyau stable de l'atome, composé de protons et de neutrons, autour duquel (dans le vide du dôme) dansent les

1. *Le Livre tibétain de la vie et de la mort*, avec un avant-propos de S. S. le Dalaï-Lama, Paris, La Table Ronde, 1992.

2. *Conversations sur l'invisible*, Paris, Belfond, 1988.

électrons. Et dans ce grain de riz réside une des forces essentielles de l'univers, la force nucléaire.

— Ce n'est qu'un truc pour essayer d'habituer l'esprit à imaginer l'inimaginable, dans ce cas l'infiniment petit. Et puis, cela nous montre que la science la plus contemporaine, comme le bouddhisme, en fin d'analyse trouve le vide.

Il me suit attentivement, et il rit.

— Autre chose le prouve, lui dis-je. L'astrophysique nous apprend que nous sommes traversés à chaque instant par un courant continu, fait de milliards de particules ultra-fines, qu'on appelle des « neutrinos ».

— D'où viennent-elles ?

— Du soleil, et d'autres étoiles. Et elles passent à travers notre matière avec la plus totale indifférence, comme si nous n'existions pas. Elles traversent aussi les roches les plus dures, la terre tout entière, et d'autres corps célestes, sans être ni arrêtées, ni même freinées.

Très intéressé, il demande à son assistant de noter l'orthographe exacte du mot *neutrino* (qui vient de « neutre »). Je lui dis que Michel Cassé, par moments, les appelle des « anges ».

Nous rêvons un moment sur ce point de rencontre, sur ce vide énigmatique que nous sommes à nos propres yeux, sur l'impermanence aussi, qui semble emporter toutes choses, même ces flots de particules invincibles qui voyagent sans fatigue dans l'univers. Je pense à quelques phrases d'un des plus beaux textes du bouddhisme japonais, le *Kegonkyo*, sûtra de la doctrine Kegon : « Illuminé de sa propre lumière, le Bouddha éclaire tous les univers. Son regard pur connaît tout, et pénètre partout. Il se révèle dans l'infini, et l'infini c'est lui... »

Un peu plus loin, dans le même texte, il est dit qu'il « réside au centre de l'atome le plus minuscule ». Ici, une ancienne et durable intuition nous parle de près. D'abord, contrairement aux conceptions restreintes de l'Occident, et particulièrement d'Aristote, qui a conditionné notre vision du cosmos au moins jusqu'à Galilée, l'Orient a toujours senti l'univers comme illimité, s'étendant partout. Les mondes qu'il contient sont innombrables. Le bouddhisme le décrit comme une longue série d'anneaux gigantesques enfilés sur un axe invisible, le fameux mont Meru. L'hindouisme appelle cet axe le *dharma*, et le voit maintenu par Vishnu. Là aussi l'univers, loin de se limiter à la voûte céleste, est de dimensions grandioses, que les poètes s'épuisent à décrire. Indra, le roi des dieux, habite une capitale splendide, Amaravati, toujours en mouvement dans l'espace.

En second lieu, selon les textes bouddhiques les plus anciens, la matière du monde est constituée de particules très ténues, des *anu*, mot qu'on traduit généralement par « atome ». Ces particules ont une substance et sont insécables[1]. Certaines écoles vont jusqu'à dire que ces atomes ne se touchent pas et ne sont tenus en relation, formant des ensembles, que par la force de l'élément « vent ». Le vent assure ainsi la cohésion des agrégats de particules, notion généralement traduite par « molécule ». Ces molécules, en perpétuelle instabilité (comme tous les corps composés), contiennent toutes les substances élémentaires, et toutes les qualités qui en dérivent (le goût, l'odeur, l'apparence, la consistance tangible, le son). En outre, à l'intérieur de ces molécules

1. Voir *l'Inde classique*, de Louis Renou et Jean Filliozat, *op. cit.*, tome II, pp. 526-527.

et groupes de molécules, tous les éléments coexistent : il y a dans l'eau du feu et de la terre, sinon cette eau ne pourrait ni s'échauffer ni se geler.

Enfin (je cite exactement) : « Les corps qu'elle (la molécule) forme sont ainsi perceptibles et leur perception a lieu quand les molécules objectives sont atteintes par des molécules semblables siégeant dans les organes sensoriels, par exemple sur la pupille pour la vue. »

Cela me rappelle une phrase de Michel Cassé parlant du soleil, façonneur de notre œil : « L'atome du soleil parle à l'atome de l'œil le langage de la lumière[1]. »

Je demande soudain au Dalaï-Lama :

— Est-ce que le bouddhisme ne serait pas une science ? Une science de l'esprit ?

Il me répond aussitôt :

— C'est exactement ça !

— Parlez-moi de l'esprit.

Il éclate de rire et dit en saisissant une manche de mon chandail :

— Il faudrait pour cela que vous changiez de vêtements ! Que vous mettiez une robe rouge !

— Et que je me rase la tête ?

— Et que vous étudiez pendant au moins douze ans, en ne faisant que ça !

La science de l'esprit, du fonctionnement de l'esprit, est dans l'histoire du bouddhisme une activité ancienne et remarquablement raffinée. Puisque rien ne peut se voir ni se concevoir sans l'esprit, puisque, selon certaines écoles, toutes les choses de l'univers peuvent être des manifestations de l'esprit, cette science est nécessaire. Elle est au cœur de toute étude.

---

1. Michel Cassé, *Nostalgie de la lumière*, Paris, Belfond, 1990, et *Vide et Création*, Paris, Odile Jacob, 1993.

Étant donné que les objets n'ont qu'une existence relative, ou conventionnelle, et qu'il est impossible de les considérer en eux-mêmes, comme des entités indépendantes et stables, l'approche de ces objets par nos sens est délicate, sujette à mille erreurs et guettée par la confusion. Un des fondateurs du bouddhisme Mahâyâna, Nâgârjuna — que le Dalaï-Lama cite souvent comme un de ses maîtres de prédilection — écrivait au début du IIIe siècle de notre ère :

Le plus loin nous sommes du monde,
Le plus réel il nous paraît,
Plus nous nous en approchons,
moins il devient visible
Et, comme un mirage, devient sans signe.

On retrouve dans ce texte à la fois l'impérieuse nécessité de « voir » et la confusion inévitable qu'entraîne toute tentative de « voir de près ». Le Bouddha l'affirmait déjà : « La forme est comme une illusion magique et les sensations, les perceptions, les formations mentales et les consciences sont aussi des illusions magiques[1]. »

— Il me semble, dis-je, que cette difficulté à atteindre le réel est au centre même de l'étude bouddhiste de l'esprit.

— Oui, me répond-il, sans doute. De là une multitude de précautions à prendre, de divisions et de subdivisions dans nos opérations d'approche. Par exemple, en ce qui concerne les perceptions directes (qui ne sont pas

1. Voir en particulier *Enseignements essentiels*, par S. S. le Dalaï-Lama, Albin Michel, *op. cit.*, p. 146 *sq.*

les seules), toutes les traditions bouddhistes en distinguent trois sortes : sensorielle, mentale et yogique. Cette dernière ne peut être atteinte qu'au moyen de la méditation.

— Mais ces trois types de perception se divisent en plusieurs catégories ?

— Oui, en plusieurs niveaux, qui à leur tour doivent être mis en rapport avec les six consciences, et les cinquante et un facteurs mentaux, qui ne sont qu'occasionnellement présents. Vous voyez pourquoi, si vous voulez tout savoir, vous devrez vous raser la tête !

Par le simple jeu des combinaisons arithmétiques possibles, le nombre des opérations de perception devient très vite impressionnant. Et chacune de ces opérations se trouve minutieusement décrite et analysée — et souvent critiquée, mise en doute — par des siècles d'étude. Il en est de même pour les autres opérations de l'esprit, comme la cognition, la pensée conceptuelle, la mémoire. La liste ne semble pas avoir de fin, si bien qu'aucun individu, aujourd'hui, ne peut renfermer toute cette science. Aucun esprit ne peut saisir tout l'esprit.

Cette fascination que l'esprit humain éprouve à l'égard de lui-même se lie à un autre sentiment, plus simple à exprimer, et répété sans lassitude : le corps est condamné à la décrépitude, et nous n'y pouvons rien. Les auteurs bouddhistes insistent comme à plaisir sur la chute de nos cheveux, l'affaiblissement de notre vue, l'alourdissement de nos membres. En revanche, si notre corps inévitablement décline, nous pouvons constamment embellir notre esprit, et cela jusqu'à la dernière heure. Il est même dit qu'au moment de la mort, si nous sommes bien préparés, nous pouvons recevoir enfin les révélations essentielles.

Autre démarche, qui renforce la confusion : notre esprit par nature est indiscipliné. C'est dans la *Bhagavad-Gîtâ*, le plus beau texte, sans doute, que nous ait laissé l'hindouisme, que le héros Arjuna, soudain frappé par l'incapacité de combattre, dit à Krishna, son cocher et ami : « L'esprit est capricieux et instable, il est fuyant, fébrile, turbulent et tenace. Le subjuguer me paraît plus ardu que maîtriser le vent... Comment se décider ? Comment choisir ? »

Krishna lui-même reconnaît que l'esprit est « mystérieux et incompréhensible », sans aucun doute « plus grand que les sens ». Apprendre le fonctionnement secret de l'esprit, c'est s'avancer dans « la forêt touffue de l'illusion », c'est saisir du même coup toute la marche du monde.

Cette appréhension d'un esprit-tourbillon, d'un esprit-désordre, le bouddhisme l'a maintes fois décrite, soit directement, soit par métaphores. « L'esprit se produit et se disperse en un perpétuel changement, disait Çâkyamuni. De même qu'un singe qui prend ses ébats dans une forêt saisit une branche puis la lâche pour s'accrocher à une autre, et ensuite à d'autres branches, ainsi ce que vous nommez " esprit ", " pensée ", " connaissance ", se forme et se dissout sans cesse. »

Par indiscipline, dans son activité, l'esprit est irrésistiblement attiré par les formes de l'illusion. Il se trompe sans cesse sur la réalité du monde. L'image du singe agité revient souvent : notre esprit est aussi un singe enfermé dans une maison vide, percée de quelques ouvertures. Ces ouvertures sont les organes de nos sens. Le singe jette un coup d'œil par une fenêtre, aperçoit un rectangle du monde extérieur, passe aussitôt à une autre fenêtre, sans réflexion, sans effort de critique, de synthèse. D'où une perception fragmentaire, mutilée, nécessairement fausse, qui nous amène à des actions rapides, brutales, toujours néfastes.

Quant à l'esprit lui-même, il n'offre aucune caractéristique particulière. Hors de l'influence aberrante des sens, il est aussi indifférent qu'un miroir, qui reflète ce qu'on lui présente. Un maître indien du XIe siècle, Tilopa, le dit ainsi : « L'esprit lumineux n'a ni couleur, ni forme. Il n'est ni obscur, ni clair, ni mauvais, ni bon. » Inutile de lui attribuer une qualité originelle et inséparable. Il se situe au-delà même de la possibilité de le qualifier.

En définitive, il est peut-être le seul et véritable créateur, par sa fonction même. Il constitue ainsi un passage obligé. Impossible de parvenir à la dissipation de l'illusion sans traiter de l'esprit. Comme le dit un autre grand maître, Shântideva (qui vivait au VIIe siècle) : « Si l'on n'a pas tout d'abord appréhendé le phénomène construit par l'esprit, sa non-existence ne peut pas être établie. »

Les phénomènes construits par l'esprit sont d'autant plus difficiles à discerner, enfin, que cet esprit possède une région mystérieuse que nous appelons aujourd'hui l'inconscient. Cette découverte surprenante fut faite par le Bouddha lui-même, dès l'origine. Il nomma ce territoire impénétrable *amushaya*. De la même manière, disait-il, que des opérations physiologiques, comme la digestion, s'accomplissent à notre insu à l'intérieur de notre corps, ainsi notre pensée peut ensevelir en elle-même des préoccupations, des attachements dangereux — d'autant plus dangereux que nous les croyons anéantis, alors qu'ils ne sont qu'enfouis, et dissimulés à nous-mêmes. Même si nous offrons, à la surface, quelque apparence de paix, nous gardons en nous ce volcan.

Çâkyamuni donnait en peu de mots une définition de l'*amushaya* à laquelle nous ne pouvons rien ajouter : « l'habitude souterraine de dépendance et d'aversion ».

Après m'avoir vivement déconseillé de me raser la tête et de revêtir la robe du *bhiksu*, le Dalaï-Lama me dit :

— Rassurez-vous, nous pouvons parler de l'esprit. Il m'arrive assez souvent d'aborder ce sujet avec des scientifiques, des neurologues, des psychiatres. J'ai participé à cinq ou six rencontres dans ces dernières années[1].

— Comment cela se passe-t-il ?

— Au début, ils hésitent un peu. Je les sens réticents. Ils craignent évidemment que je me contente de leur énumérer des affirmations dogmatiques. Au deuxième, au troisième jour, tandis que les discussions se poursuivent, peu à peu les réticences s'amenuisent, et quelquefois s'effacent tout à fait. Loin de voir le bouddhisme comme une religion rigide, certains veulent bien se rendre compte qu'il s'agit, comme vous le dites, d'une science. Et que cette science, extrêmement complexe, repose comme toutes les sciences sur l'expérience.

— Quels sont les scientifiques qui vous paraissent les plus intéressés ?

— Les psychologues, les neurologues, tous ceux qui étudient le cerveau, et aussi les physiciens et astrophysiciens, ceux qui travaillent sur la matière de l'univers, sur les particules élémentaires.

1. Voir en particulier *Au-delà des dogmes*, p. 208 *sq.*, Albin Michel, 1994.

— Vous avez approché la mécanique quantique ?

— Oui, de mon mieux.

— Vous savez qu'au niveau de l'infiniment petit, l'esprit atteint un territoire d'incertitude ?

— On me l'a dit. Cela ne m'a pas vraiment étonné.

Je lui rappelle que cette incertitude affirmée par Heisenberg et par Niels Bohr résiste à la recherche depuis plus de cinquante ans. Dans la physique de l'infiniment petit, impossible de connaître à la fois la position d'un électron et sa vitesse. L'esprit doit choisir. Cette limite impérative apportée à la connaissance, et que d'autres observations confirment, semble remettre en cause, assez radicalement, le rapport habituel de l'esprit au réel.

Contrairement à la tradition orientale, l'Occident n'a jamais radicalement mis en doute l'existence du réel. Selon notre tradition classique, Dieu a mis des lois dans la nature, et notre tâche, comme l'a dit Descartes, est de les découvrir. Attitude que l'Occident remet en question depuis le début du XXe siècle, depuis la relativité et la mécanique quantique. Non sans trouble et étonnement. Sans aller jusqu'à douter radicalement du réel et sans renoncer à établir des lois, même si dans certains territoires elles s'accompagnent d'une frange d'incertitude, les chercheurs contemporains introduisent dans leur travail une dimension nouvelle, qui est précisément le rapport à l'esprit. L'observateur, par sa présence même, par sa plus légère intervention, modifie l'objet observé. Toute recherche doit aujourd'hui en tenir compte. La relation devient plus importante que l'objet.

Dans ce domaine, bien qu'elle emprunte d'autres chemins, la pensée orientale nous a précédés. Je raconte au Dalaï-Lama qu'un jour, alors que nous travaillions ensemble, j'appelai Michel Cassé pour lui lire cette phrase : « Tout ce qui existe, mobile ou immobile, provient de l'union du champ et du connaisseur du champ. » L'astrophysicien me dit aussitôt : « Mais, c'est une des plus belles définitions de la mécanique quantique que je connaisse ! » Je lui appris alors que je venais de lui lire une phrase de Krishna dans la *Bhagavad-Gîtâ*[1], phrase souvent très mal traduite au XIXe siècle (par « union de la matière et de l'esprit » par exemple, alors que les deux mots sanscrits sont le même mot, *kshetra*, qui signifie littéralement « champ », et *kshetrajnâ*, « celui qui connaît le champ »), jusqu'à ce que l'apparition de la mécanique quantique permît enfin une transposition correcte. Phrase qui ne nous permet en aucune manière de dire que Krishna, ou les auteurs du poème, connaissaient le principe d'Heisenberg et les secrets de la physique des particules. Ce serait pure rêverie. Mais on ne peut écarter le fait qu'une intuition ancienne, très souvent formulée dans la tradition indienne et tibétaine, affirme l'inséparabilité de notre esprit, de nos sens et des choses. Sur ce point, le bouddhisme est particulièrement péremptoire.

Le Dalaï-Lama a visité le CERN, il a participé à des discussions scientifiques à Harvard aussi bien qu'à Grenoble. Ces rapprochements ne lui sont pas étrangers. Il les accepte sans grande surprise, comme si notre science retrouvait un chemin ancien — ce qu'il faut bien se garder d'interpréter comme une rencontre de techniques et de connaissances. Le monde oriental ancien ne possédait pas des secrets techniques que nous aurions perdus. Simplement, dans ce territoire essentiel

1. *La Bhagavad-Gitâ*, XIII, 26.

qui met en jeu l'esprit et l'objet que cherche l'esprit (objet qui peut être lui-même), les traditions que nous évoquons ont refusé de séparer l'un et l'autre. Aujourd'hui, par le simple glissement du temps, qui façonne aussi nos idées, l'Orient et l'Occident en viennent à se comprendre, quelquefois même à se confondre.

Il reste que le Dalaï-Lama, adepte convaincu de la voie du milieu, nous répète de nous méfier des positions extrêmes. Il se demande si la pensée occidentale, avide de certitudes, balancée entre le dualisme classique et la confusion contemporaine, n'a pas tendance à négliger la « zone grise », ce territoire du milieu, où l'esprit fait la part des choses.

Sans transition, il me dit :

— Je crois profondément que nous devons trouver, tous ensemble, une spiritualité nouvelle.

— Qui ne serait pas « religieuse » ?

— Certainement pas. Ce nouveau concept devrait s'élaborer à côté des religions, de telle sorte que toutes les bonnes volontés puissent y adhérer.

— Même en étant sans religion, ou contre la religion ?

— Absolument. Un concept nouveau, une spiritualité laïque. Nous devrions promouvoir ce concept, avec l'aide des scientifiques. Il pourrait nous conduire à établir ce que nous cherchons tous, une *morale séculière* (il détache lui-même les mots). J'y crois profondément. Et cela pour un meilleur futur du monde.

Cette idée peut paraître théorique, et même irréalisable (comment faire appliquer cette morale ?), mais il en donne aussitôt un exemple personnel :

— Je fais chaque jour l'expérience des bienfaits de la paix de l'esprit. Elle est très bonne pour le corps. Vous vous en doutez, je suis un homme assez occupé, je prends sur moi beaucoup de responsabilités, de démarches, de voyages, de déclarations, tout cela constitue sans doute un très lourd fardeau, et pourtant ma tension artérielle est celle d'un bébé.

— Vous avez de la chance.

— L'année dernière, dit-il en me montrant son bras droit, qui est nu, à Washington, dans un hôpital militaire, on a pris ma tension. Et le docteur s'est écrié : « Ah, que je voudrais avoir la même ! »

Il rit de bon cœur et poursuit :

— Ce qui est bon pour moi est bon pour les autres. Je n'ai aucun doute à ce sujet. Une bonne alimentation, une lutte contre tout désir excessif, une méditation quotidienne, tout cela peut conduire à la paix de l'esprit, et cette paix de l'esprit est bonne pour le corps. Malgré toutes les difficultés de la vie, qui ne m'ont pas été épargnées, nous pouvons tous ressentir cet effet.

— Et le chemin reste la compassion ?

— Exactement. La compassion. Ce sentiment logique que nous trouvons en nous si nous cherchons profondément. Et qui doit s'exercer à l'égard de toute autre vie que la nôtre. Même si parfois cela nous paraît difficile. Ainsi, en ce moment, je m'efforce d'éprouver de la compassion pour ceux qui sont appelés « mes ennemis », pour les Chinois qui ont envahi le Tibet. Les actions qu'ils ont commises, et qu'ils continuent de commettre, contribuent à leur constituer un mauvais *karma*, dont ils recevront un jour ou l'autre le châtiment.

On sait que le *karma*, notion héritée de l'hindouisme mais largement développée par le bouddhisme, est une « loi des actes ». Tous les actes que nous pouvons commettre, et toutes les pensées que nous pouvons émettre (le bouddhisme s'attache méthodiquement au fait qu'il n'y ait pas de fait sans cause, ni de cause sans effet), tous ces actes et toutes ces pensées constituent une sorte d'énergie, de force, dont les effets se feront un jour sentir, dans cette vie ou dans une autre vie. Cette force, pour chaque conscience, conditionne la qualité de ses futures réincarnations. Un mauvais *karma*, un *karma* négatif nous éloigne ainsi de la réalisation finale, de la sortie souhaitée hors du cycle des renaissances, du *samsâra*.

Certains, comme Jorge Luis Borges, qui voyait dans le *karma* une « inconcevable structure[1] », se sont demandé de quelle autorité, puisqu'aucun dieu créateur ne veille à l'observance de lois qu'il aurait tracées, procède cette « loi des actes ». En d'autres mots, qui a établi le *karma* ? Qui en garantit le fonctionnement ? Sous quelle forme se présente cette force, puisqu'il n'existe dans le bouddhisme aucune âme particulière qui puisse transmigrer d'un corps à un autre ? Les réponses varient selon les écoles. Le Dalaï-Lama me donnera la sienne un autre jour.

Pour le moment, il insiste sur la compassion, qui revient comme un leitmotiv dans ses propos. Cette insistance est à l'origine, sans doute, d'une certaine naïveté qu'on attribue parfois à ses propos, quand ils sont rapidement prononcés dans un entretien. Dire « nous devons éprouver de la compassion pour les autres » peut en effet passer pour une banalité de catéchisme, baignée d'excellents sentiments, facile à dire et tout simplement utopique.

C'est ne pas voir que cette affirmation, tout au contraire d'une maxime superficielle et passe-partout, est en fait le résultat d'une très minutieuse recherche.

---

1. Jorge Luis Borges, *Qu'est-ce que le bouddhisme ?*, Gallimard, « Idées », 1976.

Cette compassion est en nous, en fin de toute analyse, elle est même un sentiment qui nous est propre et dont la puissance est supérieure à celle de nos instincts violents. Mais de nombreuses forces négatives, que nous voyons se manifester avec constance autour de nous, et aussi en nous-mêmes, obscurcissent cette énergie profonde et l'étouffent à nos propres yeux. Aussi faut-il sans cesse chercher en nous la compassion, la reconnaître et l'exercer.

— Ne serait-ce, me dit-il, que dans une intention égoïste. Car la compassion que j'exerce me fait du bien, en retour. Elle est la meilleure des protections et j'en suis le premier bénéficiaire. Elle m'assure la paix intérieure, la santé du corps, des jours heureux, une longue vie. Sans parler des vies à venir.

— Occupons-nous d'abord de celle-ci.

— Vous avez raison. D'ailleurs, les autres vies en dépendent. Eh bien, dans cette vie qui nous anime vous et moi en ce moment, nous avons tous envie de vivre au milieu d'une communauté unie, de jouir d'une bonne santé, d'une famille harmonieuse, bref d'avoir une vie heureuse...

— Une mort heureuse...

— Oui !

— Ce qui est sans doute le plus difficile.

— Et une autre naissance heureuse !

Là aussi, il rit franchement, se doutant bien que je n'ai guère confiance en une autre naissance, en une autre vie. Je lui rappelle que nous vivons en Occident, en tout cas depuis deux siècles, sur l'idée que notre bonheur est possible dès cette vie. La phrase de Saint-Just, « Le bonheur est une idée neuve en Europe », montre bien que le bonheur a constitué une révolution. Il s'agissait bien de changer de vie, la seule que nous connaissons avec certitude. En reléguant le bonheur, ou son équivalent spirituel qu'on appelle « béatitude », dans une « autre vie », parfaitement hypothétique et cependant déclarée éternelle, nos religions nous ont poussés à nous résigner à notre sort terrestre, dans cette triste vallée de larmes. Affirmations qui permirent à toute une succession de pouvoirs tyranniques de s'exercer sans restriction, brutalement, avidement, en s'appuyant, non sans une foi sincère dans certains cas, sur telle ou telle croyance religieuse.

Nous trouvons forcément dans le *samsâra* des échos précis de ces punitions et récompenses lointaines. L'idée de la vie comme souffrance, même si nous l'interprétons maladroitement, constitue sans doute un obstacle à une pénétration plus décisive du bouddhisme en Occident. Nous avons du mal à faire confiance à une autre vie, quand nous voyons celle-ci bafouée, piétinée, aujourd'hui comme hier, au nom d'un dogme religieux. À cette promesse nébuleuse d'une récompense ailleurs (dans une autre vie, dans une autre conscience), nous préférons un travail acharné pour défendre et améliorer cette vie-là. Avec les résultats que nous constatons autour de nous, et que déjà nous avons évoqués. Assez curieusement, d'ailleurs, le Dalaï-Lama, qui croit en d'autres vies, trouve le monde où nous vivons moins menacé, moins déplorable qu'il n'apparaît aux yeux des Occidentaux eux-mêmes. Est-ce encore ici le fait du regard ?

Il m'écoute attentivement — c'est un discours connu de lui, j'imagine — et revient à sa démarche propre :

— Nous devons beaucoup à la paix de l'esprit. Pour nous, il s'agit d'un fait. Cela revient à dire que nous devons beaucoup à l'esprit lui-même. Toute l'histoire du bouddhisme nous ramène à l'esprit, à notre esprit.

Un travail considérable a été fait par l'esprit sur l'esprit. Et nous continuons.

— En arrivant jusqu'à l'illusion même de l'esprit ?

— Cela est vrai pour certaines écoles.

— Mais quel est le sens exact du mot « illusion » ? Peut-on concevoir une illusion sans illusionniste ?

— Nous disons que l'esprit s'illusionne lui-même, à chaque instant, dans la perception sommaire qu'il a du monde. Et que cette perception erronée doit nécessairement être corrigée, à moins de choisir de vivre dans l'erreur. Nous disons que notre agitation naturelle nous égare, qu'aucune relation véritable ne peut être établie avec le monde si nous ne parvenons pas à la paix de l'esprit.

Çâkyamuni le premier, et des centaines d'autres penseurs et méditants dans son sillage, ont ainsi traqué l'existence même de l'esprit, avec une logique impitoyable (le penseur ne doit avoir aucune compassion pour sa propre pensée) : puisque le monde extérieur, perçu par nos sens, est vide de toute réalité intrinsèque, les effets qu'il exerce sur nos sens sont également vides, illusoires. Nos idées, qui à leur tour naissent de nos perceptions sensorielles, sont donc vides de sens véritable, vides de vérité. Et enfin nos décisions volontaires, qui proviennent généralement de nos idées, sont ainsi dépourvues de tout fondement solide.

Comme l'écrivait Maurice Percheron : « La synthèse de ces divers groupes d'éléments (ce que nous nommons la conscience) est ainsi un pur mirage[1]. »

1. Maurice Percheron, *le Bouddha et le Bouddhisme*, Le Seuil, *op. cit.*

Nous pouvons aussi reprendre une phrase célèbre qu'on trouve dans le *Sûtra immuable* : « Les phénomènes de la vie peuvent être comparés à un rêve, un fantasme, une bulle d'air, une ombre, la rosée scintillante, la lueur de l'éclair, et c'est ainsi qu'il faut les contempler. »

Comment donc apaiser un mirage ? Comment exercer une action sur une entité — l'esprit — qui serait née de sa propre illusion et se complairait à la perpétuer ?

La longue histoire du bouddhisme s'est passionnée pour cet apparent paradoxe, en reconnaissant d'abord comme une évidence que si l'esprit n'existe (peut-être) pas, en tout cas les opérations de l'esprit s'enchaînent les unes aux autres. Nous ne pouvons pas les mettre en doute, à moins de prêcher l'absurde.

Quant à cette paix de l'esprit qui se trouve en nous — le Dalaï-Lama insiste volontiers sur ce point — il ne s'agit pas de l'inventer de toutes pièces, il s'agit de la retrouver, et avec elle le chemin de la connaissance véritable. Ainsi le dit un auteur qui s'appelle Coomaraswami : « De même une lampe qu'on apporte dans une pièce obscure nous permet de distinguer ce qui s'y trouvait déjà. » Nous attendions cette paix, qui est nécessaire et fertile. Aucune action positive ne peut s'entreprendre hors d'elle. Aurobindo l'a définie à sa manière : « Les activités venant du dehors traverseront alors le calme de l'esprit comme un vol d'oiseaux un espace sans vent. »

Le Dalaï-Lama reprend :

— Cette paix de l'esprit, je le répète, est un fait. Inutile de le nier, de nous présenter comme les jouets d'énergies exclusivement agressives, ou possessives, ou dominatrices. Bien entendu, toutes ces tendances dangereuses existent en nous, mais au-dessous d'elles, plus profonde et plus permanente, se tient la paix. Si nous utilisons cette paix comme un fait, nous pouvons véritablement offrir à l'humanité un mieux possible. Mais il faut d'abord la reconnaître, l'atteindre et la préserver.

— Malgré ce que vous voyez autour de vous, et ce que vous avez vécu vous-même, vous continuez à penser que la nature humaine est bonne, bien disposée, serviable ?

— Je ne le *pense* pas. Ce n'est pas une opinion, c'est un fait. Nombreuses sont les circonstances qui nous rendent injustes, ambitieux, agressifs. Autour de nous, tout nous y pousse, souvent dans un intérêt commercial : je dois posséder tel ou tel objet, sinon ma vie est lamentable. Pour posséder cet objet, il faut que je gagne un supplément d'argent. Pour acquérir ce supplément d'argent, il faut que je me batte, que je m'oppose à d'autres : mon agressivité, alors, réapparaît.

— Dans le commerce, elle est considérée comme une qualité.

— Je sais bien. Le monde nous est présenté comme essentiellement compétitif, divisé entre les « gagnants » et les « perdants », mais ça aussi c'est une vision fausse, délibérément fausse. C'est une vue rapide de surface, qui élimine toute descente en soi, toute méditation, toute réflexion.

— Nous ne sommes donc pas comme nous nous voyons ? Comme nous nous représentons ?

— L'image que nous nous donnons de nous-mêmes est facilement complaisante. Nous nous regardons avec indulgence. Nous avons toujours tendance, quand un événement fâcheux nous frappe, à rejeter la faute sur les autres, ou sur le destin, ou sur un démon, ou un dieu. Nous répugnons à descendre en nous-mêmes, comme le Bouddha le recommandait.

— Et si nous descendons, nous trouvons cette compassion dont vous parlez ?

— Inévitablement. Vous-même, vous n'avez survécu que grâce à l'affection des autres. Et cela depuis le berceau, peut-être même depuis la matrice de votre mère, puisqu'on dit que nous sommes sensibles à l'environnement, et à l'affection qu'on nous porte, avant même notre naissance. Je suis persuadé qu'une mère heureuse porte un enfant heureux. Si elle est calme, si son esprit est apaisé, son enfant en sera influencé.

— On le dit, en effet. Et depuis longtemps.

— Et cette affection est spontanée, naturelle (il utilise le mot anglais *genuine*, qu'on traduit aussi par « authentique »). De son enfant, la mère n'attend rien en retour. C'est une affection pure, non calculée. Mais sans cette affection, l'enfant ne pourrait pas survivre.

Il garde un instant le silence, puis il insiste sur les bons effets de ce sentiment sans cause :

— Toutes nos vies ont commencé avec l'affection humaine comme premier support. Les enfants qui grandissent dans cette affection montrent plus de sourire et d'amabilité. Ils sont généralement plus équilibrés. Pour ceux qui ont manqué de cette affection, c'est le contraire. Ils sont plus durs, et plus de problèmes viennent à eux.

— Il y a des exceptions, vous le savez sans doute. Les influences qui commandent à la formation de notre personnalité sont multiples, complexes. Certains mauvais traitements peuvent au contraire nous aguerrir.

— Nous rendre plus agressifs, plus durs.

— Sans oublier l'hérédité, que nous ne contrôlons pas, bien que les biologistes y travaillent. Certaines influences viennent de très, très loin. Certains disent même : du temps où nous n'étions pas encore des hommes.

— C'est possible. Nous devons accepter, je vous l'ai dit, ce que nous apprend la science. Disons qu'en général la précipitation, la compétition, tout ce qu'on appelle le « stress », l'« ambition contrariée », le « succès difficile », l'« argent décevant », que tout cela ne vaut rien pour notre corps, pour notre organisme.

— Pour notre tension artérielle ?

— Entre autres. Il faut bien comprendre que l'affection dont je parle n'a pas de but, elle n'est pas donnée dans l'intention de recevoir. Elle n'est pas un phénomène sentimental. De même, la véritable compassion, nous disons qu'elle est sans attachement. Faites attention à ce point, qui va contre nos habitudes de pensée. Ce n'est pas tel ou tel cas particulier qui relève notre pitié. Nous n'attachons pas notre compassion à telle ou telle personne par suite d'un choix. Nous la donnons spontanément, entièrement, sans rien espérer en échange. Et universellement.

Ce détachement dans l'action, l'hindouisme l'enseignait déjà. Toujours dans la *Bhagavad-Gîtâ*, Krishna apprend à Arjuna qu'il faut agir sans se préoccuper du « fruit des actes », c'est-à-dire des résultats, des gains, matériels ou moraux. Si ce détachement véritable est atteint, il permet une action véritable, et par là même irréprochable. Même le désir de victoire, dans une bataille, est à rejeter, comme tout désir. Ce rejet concerne aussi le sentiment que je pourrais avoir de ma propre valeur, si je fais telle ou telle action. Je ne dois pas m'engager avec le désir de bien faire, et de retirer de cette action une satisfaction personnelle, sous forme d'une estime de moi. Ce désir clandestin, difficile à déceler, suffit à pervertir ce que nous faisons, car nous avons alors un attachement, une intention, même secrète. C'est dans ce sens qu'il faut comprendre une des phrases du Bouddha : « Abandonnez le bien, et à plus forte raison le mal. Celui qui atteint l'autre rive n'a que faire de radeaux. »

— Que dire de l'amour et du désir sexuel ?

— Le désir sexuel, par définition, veut quelque chose, qui est la satisfaction de ce désir par la possession de l'autre. Pour une grande part, il s'agit d'une projection mentale, provoquée par une certaine émotion. Nous imaginons l'autre en notre possession. À ce moment du désir, tout paraît agréable et souhaitable. On n'y voit aucun obstacle, aucune réticence. L'objet désiré nous semble sans défaut, digne de tout éloge.

— Tout change avec la possession ?

— Bien entendu. Dès que le désir disparaît — soit qu'il s'estime satisfait, soit que le temps passe et l'affaiblisse — nous ne regardons plus l'autre de la même manière. Les apparences de l'objet naguère désirable changent, et même quelquefois rapidement, soudainement. Certains s'en avouent stupéfaits. L'émotion de départ s'est dissipée, cédant la place à une méconnaissance réciproque. Chacun découvre la vraie nature de l'autre, qui jusque-là lui était cachée par son désir. De là tant de mariages brisés, de querelles, de procès, de haines.

Je me garde de le contredire sur ce point, sachant quelles malédictions, dans tous les temps, et dans la plupart des traditions, se sont précipitées sur le désir sexuel, et plus encore sur nos efforts pour l'assouvir. Les paroles du Dalaï-Lama font écho à celle de saint Augustin, de Tertullien et de tant d'autres.

Le bouddhisme a codifié à sa manière les pratiques sexuelles. Il y a une pratique correcte et des pratiques incorrectes (la fellation, la sodomie, la masturbation). L'homosexualité n'est pas incorrecte en soi. Elle le devient si elle conduit à des pratiques incorrectes, ce qui est obligatoirement le cas.

Certaines distinctions peuvent nous étonner : ainsi le rapport avec une prostituée, s'il suit la pratique correcte, n'est pas condamnable. À condition que la femme soit payée par nous. Si un autre nous la paie, il y a faute.

Pour se protéger du sida, le bouddhisme accepte le préservatif. Mais le Dalaï-Lama ne cesse de dire, même s'il le fait en souriant, que le meilleur moyen reste le célibat, la chasteté.

Mieux vaut renoncer : voilà ce qu'on nous dit toujours, ce qui est en même temps un aveu de défaite, un ordre de fuite. Sur ce point, rien de neuf.

Il revient en revanche sur l'amour, sur cette sorte de « claire connaissance » qui peut se développer entre deux êtres, avec comme condition le respect mutuel.

— On voit apparaître alors un sentiment de proximité. Les deux individus qui s'aiment se sentent proches, et parfois très proches l'un de l'autre. De ce rapprochement peut naître une compassion véritable, comme celle de la mère pour son enfant. Cette compassion, ou cette affection, ne repose pas sur une idée comme par exemple « cette personne est proche de moi, elle est faite pour moi, nous nous complétons admirablement », ou bien encore « elle est bonne pour moi, elle me fait du bien, avec elle ma vie sera meilleure ». Non, il s'agit d'une affection spontanée, libre de tout calcul.

— Il s'agit pourtant d'un choix. Je n'ai pas de l'affection pour n'importe quelle personne, mais pour cette personne-là.

— Oui, mais cette affection peut s'étendre. Au-delà de cette personne, elle peut se porter sur d'autres individus. Si elle est vraiment pure, elle ne souffre d'aucune partialité et elle cesse de choisir. Elle peut même se porter sur nos ennemis qui, comme nous, ont le droit de souffrir.

Il réfléchit un instant, puis il reprend :

— Je peux le dire d'une autre manière. Cette compassion peut s'exercer à deux niveaux. Au premier niveau, le plus simple, je peux voir les autres comme moi-même. Il ne fait aucun doute pour moi que tous les êtres humains sont semblables, qu'ils partagent les mêmes émotions, les mêmes aspirations, les mêmes craintes. Les différences physiologiques (couleur de la peau, yeux bridés) ou culturelles qui paraissent les séparer ne font, il me semble, que les unifier davantage.

— Vous voulez dire : ce qu'ils ont en commun est plus fort, plus profond que ce qui les distingue ?

— Beaucoup plus fort. Et c'est précisément parce qu'ils apparaissent différents que leur nature commune me saute aux yeux avec plus de force. Toutes les théories racistes, ou racio-culturelles, que l'histoire du monde a vues se succéder, sont absurdes et néfastes. Elles ne conduisent qu'à des impasses sanglantes. Aujourd'hui surtout, où nous arrivent des images de toutes les parties de la terre, notre unité profonde me semble une évidence. Toute institution nouvelle devrait la prendre comme point de départ, comme base.

— Le bouddhisme s'est toujours affirmé universel.

— Exactement.

— Et le deuxième niveau ?

Mon interlocuteur aime s'exprimer par « niveaux ». En cela, il est fidèle à toute une tradition, et d'abord à Çâkyamuni, le fondateur. Il est dit que celui-ci choisissait très soigneusement ses propos selon la qualité de ceux qui l'écoutaient, réservant certains enseignements, qualifiés quelquefois d'« ésotériques », à ceux qui lui semblaient le mériter. Il disait : « Je proportionne mon langage à chacun selon son pouvoir de compréhension, et je corrige les erreurs que subit mon enseignement en parlant par images. » Par la suite, à différentes reprises, des moines « découvrirent », le plus souvent dans des grottes murées, des textes du fondateur qui avaient été cachés là à leur intention.

On sait que, dans les premiers siècles du bouddhisme, le nouvel enseignement se répandit en Asie sous des formes diverses. Les historiens distinguent généralement le Petit véhicule (Hînayâna), qui gagna surtout Ceylan, la Birmanie, le Cambodge, en conservant les traits du bouddhisme primitif, hors de toute controverse, de tout raffinement spéculatif, et le Grand véhicule (Mahâyâna), qui s'établit davantage dans le centre et le nord de l'Asie, en Chine, au Tibet, au Japon, en Corée. Plus complexe, plus hautement spéculatif, plus diversifié en de multiples écoles, inventeur d'entités nouvelles comme les *bodhisattvas*, de concepts comme la vacuité, de formules, le Mahâyâna s'est aussi teinté de magie, de mystique. Il a accepté le tantrisme et s'est même transformé en Vajrayâna, ou « Véhicule du diamant », qui insiste sur l'exécution fidèle des rituels.

Histoire compliquée, qui est du ressort des historiens des religions. Un jour je bavardai avec Lhakdor, l'interprète et assistant religieux. Nous en vînmes à parler des différents véhicules et il me dit avec un sourire : « Nous avons ces différentes écoles à l'intérieur de nous-mêmes. Certains peuvent s'en tenir à l'Hînayâna. D'autres poursuivent jusqu'au Vajrayâna. »

— Le deuxième niveau, me répond le Dalaï-Lama, introduit une notion de réciprocité. Nous en avons déjà parlé. Cela consiste à dire, ce qui pour nous est une évidence : si je développe de la haine à l'égard des autres, à mon tour je serai haï et je souffrirai. Si au contraire je développe de l'amour et de la compassion, un jour ou l'autre j'en tirerai bénéfice.

— Le même mouvement vaut pour la tolérance.

— C'est bien connu. Le fanatisme conduit au contre-fanatisme, tout aussi redoutable.

— L'humanité ne cesse de répéter, depuis qu'elle sait parler, que la violence engendre la violence. Et elle continue de se montrer violente. Impossible de rompre la chaîne.

— Impossible, dit-il, je ne crois pas. Mais très difficile, sans doute. La base de tout enseignement moral devrait être la non-réponse aux attaques. Bien sûr, compassion et tolérance ne sont que des mots. Et les mots en eux-mêmes n'ont aucune force. Notre premier mouvement est toujours de répliquer, de réagir, et même quelquefois de nous venger, ce qui ne conduit qu'à d'autres souffrances. C'est pourquoi le bouddhisme dit toujours : faites l'expérience du calme. Essayez au moins une fois. La méditation peut vous aider à découvrir en vous la tolérance. Quand vous l'aurez pratiquée, vous verrez que vous en tirerez bénéfice. Et ainsi, par votre exemple, vous pourrez l'étendre autour de vous.

— Et si nous découvrons la haine ?

— C'est que vous n'aurez pas suffisamment cherché.

Dans un de ses livres[1], reprenant là aussi à sa manière une parole ancienne, le Dalaï-Lama écrit : « Celui qui vous nuit ne doit pas être perçu seulement comme quelqu'un qui a besoin de votre attention, il doit aussi être regardé comme votre guide spirituel. Vous verrez que votre ennemi est votre maître suprême. »

Je lui dis aimer particulièrement cette vision de l'ennemi comme le suprême guru — encore que cette attitude paraisse très dure à atteindre.

— Notre ennemi, me dit-il, nous offre une précieuse opportunité : celle de nous améliorer.

— Sans ennemi, nous nous affaiblirions ? Nous perdrions quelque qualité ?

— Sans doute.

— Plus nous avons d'ennemis, meilleurs nous sommes ?

Il éclate de rire en me disant :

— Avec tous les ennemis que nous avons, aujourd'hui nous sommes certainement d'une qualité incomparable !

Il fait évidemment allusion aux Chinois.

Je reviens un instant à l'hindouisme :

— Cet effet de réciprocité dont vous parlez, nous le trouvons formulé dans le *Mahâbhârata* en une seule phrase, que certains commentateurs placent au centre même de l'œuvre, comme le diamant d'où tout irradie.

— Quelle phrase ?

— Elle ne peut se concevoir que dans la notion hindouiste du *dharma*, où chaque *dharma* particulier est comme une parcelle de la garantie du *dharma* cos-

1. *La Méditation au quotidien, op. cit.*

mique. La phrase dit : « Le *dharma*, quand il est protégé, protège ; quand il est détruit, il détruit. »

— Je comprends.

— Si cette loi mystérieuse existe vraiment, si l'ordre cosmique dépend de nos actions, ou bien, comme le dit la doctrine bouddhiste, si de toute manière, dans cette vie ou dans une autre, chaque action porte une conséquence, ne sommes-nous pas tentés d'agir dans un but ? Autrement dit, de prévoir un fruit à nos actes ? Tentés d'agir pour retirer de notre action quelque bénéfice ?

Il me répond comme une évidence :

— Mais ce désir est naturel ! Complètement naturel ! Et s'il nous conduit à une action meilleure, plus élevée, plus réfléchie, tant mieux !

— Un désir peut donc avoir du bon ?

— Mais naturellement ! Quand Çâkyamuni affirme que nos désirs nécessairement inassouvis contribuent à nous maintenir dans une vue imparfaite du monde, cela ne signifie pas que tous les désirs sont à bannir !

— Il était lui-même animé du désir très ardent de faire entendre sa parole.

— C'était même plus qu'un désir : une nécessité, née de sa compassion. Comprenons-nous : un désir peut être négatif ou positif. Si je désire même l'acquisition d'un bien personnel — disons la santé si je suis malade, un bol de riz si je suis affamé — ce désir est parfaitement justifié. Et il en est de même pour l'égoïsme.

— Il existe un égoïsme positif ?

— Bien entendu. Dans la plupart des cas l'affirmation du moi ne conduit qu'à la déception, ou bien au conflit avec d'autres ego tout aussi exclusifs que le mien. Particulièrement quand ce fort développement du moi conduit à des caprices et à des exigences.

— Nous en connaissons d'étranges exemples chez quelques vedettes de cinéma.

— Ailleurs aussi. L'illusion du moi permanent sécrète un danger qui nous guette tous. « Je veux ceci », « Je veux cela » : on peut en venir à tuer, nous le savons bien. L'excès d'égoïsme conduit à des perversions incontrôlables, qui toujours se terminent mal.

— Aux bords de la folie.

— Mais d'un autre côté, un ego ferme, sûr de lui, peut être un élément très positif. Nous parlions l'autre jour de l'environnement, de la défense de la terre. Il est clair que si je décide de mener ce grand combat, de sauver la planète, je dois être sûr de moi-même. Sans un sentiment très fort de son moi — c'est-à-dire de ses qualités, de ses possibilités, de sa conviction — personne ne peut prendre pareille responsabilité. Il y faut une vraie confiance en soi, c'est pour moi l'évidence même.

— Confiance qui, dans le meilleur des cas, peut conduire à cette conviction : puisque je peux le faire, je dois le faire.

— Exactement, dit-il. Si je reviens pour un moment au *bodhisattva*, qui pour nous est l'être idéal, celui qui peut prétendre au *nirvâna*, à l'absolu repos dans la lumière, mais qui refuse d'y parvenir, qui préfère rester au contact de ce monde souffrant pour lui venir en aide, autrement dit qui ne pourra pas trouver son véritable repos aussi longtemps qu'une trace de douleur subsistera dans le monde, et si nous prenons cet idéal comme modèle, il ne suffit pas de lire régulièrement les sûtras ! Il ne suffit pas de demander : où se trouve tel ou tel *bodhisattva* ? Dans quelle direction dois-je me prosterner ? Que dois-je lui dire ?

Il rit et ajoute :

— Ce *bodhisattva*, nous devons le produire en nous-mêmes. Si je me dis, avec conviction, que ma tâche est de me mettre au service des êtres, pour une période de temps que rien ne peut déterminer, qui peut même ne pas avoir de fin, cela demande une détermination pleine et entière. Sans un ego très fort, cette détermination demeure impossible.

— Mais cette force de l'ego, que de périls sans cesse la menacent !

Je lui raconte une anecdote espagnole, qui concernerait un supérieur de couvent du XVIIe siècle, homme ambitieux de sainteté, dur envers les autres et envers lui-même, et qui dit un jour : « Moi, pour l'humilité, je ne crains personne. »

Cette phrase amuse beaucoup mon interlocuteur, qui revient un instant sur le modèle du *bodhisattva*, propre à la voie du Mahâyâna. Les *bodhisattvas* veulent nous aider au risque de se perdre eux-mêmes, au risque d'« aller en enfer » en notre compagnie, pour continuer de nous aider.

Il va sans dire que cet enfer n'est pas le nôtre, peuplé de démons ricanants autour de chaudrons d'huile bouillante. Il s'agit ici, dans la chaîne des renaissances, d'un état inférieur, qui peut aller jusqu'à l'animalité et à la souffrance physique, en rapport avec la qualité de nos actions, de notre *karma*. Autre différence : il est toujours possible, pour une autre vie meilleure, de quitter ces régions dépréciées, où les *bodhisattvas* s'aventurent et souffrent — alors que notre enfer a fermé la porte à toute espérance, ce qui l'a rendu souvent inconciliable avec la fameuse bonté de Dieu.

— Cette détermination, poursuit-il tandis que le même moine souriant nous apporte le thé, est la combinaison de deux désirs : celui d'aider les autres, et celui d'atteindre la bouddhéité.

— Le second peut paraître égoïste.

— Dans un certain sens, oui. C'est pourquoi nous plaçons si haut l'attitude du *bodhisattva* qui renonce à l'état de béatitude.

— Car on ne peut pas prétendre aux deux ?

— Pas en même temps. Si un être de haute qualité décide de se mettre au service des autres, il renonce à la bouddhéité. Il a besoin de toutes ses forces, de toutes ses connaissances. Comment une mère sans main pourrait-elle retirer son enfant de la rivière ? Si nous atteignons un jour l'état de bouddhéité, nous pourrons aussi pleinement aider, mais d'une autre manière, en nous attachant plus particulièrement à ceux avec lesquels nous avons été en contact étroit. À partir de ce premier cercle s'épanouit la volonté d'aider tous les êtres, sans exception.

— Nous sommes donc porteurs de ce désir ?

— Oui, tous, même s'il reste secret. Nous appelons ce sentiment *maitrî*, qu'on traduit souvent par « amour ». Mais là encore, cela n'a rien de sentimental. C'est une disposition concrète à aider les autres. « Que tous les êtres soient heureux », a dit Çâkyamuni. Quelque chose nous pousse à contribuer à ce bonheur universel. Nous devons découvrir et mettre en œuvre ce *maitrî*.

— C'est le privilège de la bouddhéité ?

— C'est la nature même de la bouddhéité. Deux désirs se rejoignent : aider tous les êtres vivants et, dans ce but fermement établi, atteindre l'état de bouddha. Nous parvenons ainsi à l'« esprit d'éveil », que nous appelons *bodhicitta*.

— L'éveil est donc inséparable de la compassion ?

— Absolument inséparable. Toute activité qui profite aux autres est un acte qui renforce l'esprit.

— Et la possibilité de cet éveil se trouve en chacun de nous ?

— Comme la compassion. Sans exception.

Une autre définition de cet esprit d'éveil nous dit : « Atteindre l'éveil à l'avantage des autres. » Nous sommes sans doute ici au coeur le plus secret du bouddhisme, qui mêle d'une manière inséparable accomplissement de l'être et compassion universelle. Un large effort de réflexion porte sur ce point précis : lier étroitement deux notions qui nous semblent hétérogènes. Car d'un côté, dans d'autres traditions, nous rencontrons mille exemples de saints accomplis, c'est-à-dire assis auprès de Dieu, dans son paradis, après un oubli total de ce monde, et même souvent grâce à cet oubli, qui permet au bienheureux de se concentrer sur Dieu seul, sur la « vraie vie », le « vrai royaume », lesquels ne sont pas d'ici-bas.

D'un autre côté nous pouvons connaître des individus charitables, parfaitement dévoués à autrui (par exemple aujourd'hui dans les organisations humanitaires ou écologiques), mais qui, tout occupés à leur lutte quotidienne, ont délaissé leur accomplissement personnel.

Dès l'origine, dès les premières prédications du prince Siddhârta, qui avait connu personnellement les deux extrêmes, il fut clair qu'il recommandait de rejeter la voie mondaine, qu'elle soit faite de plaisirs et même simplement d'actions, et de rejeter tout aussi catégoriquement la voie du renoncement et de l'ascétisme, « pénible et ignoble » et qui ne peut mener à rien. Le fameux sermon de Bénarès parle ainsi du *chemin du milieu*, « qui donne la vision, la connaissance, qui conduit à la paix, à la science, à l'éveil et au *nirvâna* ». Et ce chemin est immédiatement défini par les huit sentiers qui le composent, et qu'il faut suivre impérativement : « Vision juste, pensée (ou résolution) juste, parole juste, action juste, vie (au sens de moyens d'existence) juste, effort juste, attention juste, concentration juste. »

Dans la phrase suivante, le Bouddha passe aux quatre vérités fondamentales, dont la première est la vérité de la souffrance (les trois autres, rappelons-le, étant la cause de la souffrance, la cessation de la souffrance, et le chemin qui mène à cette cessation). Le lien entre perfectionnement personnel et réalité de la souffrance (qu'il importe de soulager, puisque le moyen de le faire existe) est ainsi établi d'une manière solennelle. Il ne sera plus jamais remis en question. Au contraire : tous les grands continuateurs de Çâkyamuni s'efforceront, et s'efforcent encore, de le resserrer. Devenir meilleur, c'est aider les autres.

La bouddhéité, qu'est-ce ?

Une première réponse est simple : il est impossible de le dire avec des mots. Les mots sont imparfaits et trompeurs. Les traditions indienne et chinoise ont toujours montré la plus alerte vigilance à l'égard des définitions. Les meilleures sont celles qui ne tombent pas dans le filet des mots.

Pour l'accès à la bouddhéité, tout au plus peut-on parler de « quelque chose » qui se produit, qui est éternel et universel, et dont « aucune trace ne subsiste ».

Mais il est clair que ce quelque chose consiste à « libérer son esprit et ceux des autres[1] ».

Le bouddhisme Zen a particulièrement insisté sur le fait que cette illumination, cet éveil, sont des phénomènes si naturels et si simples que nous n'avons aucune indication que nous sommes devenus bouddhas. Et pourtant nous sommes au contact de la vérité suprême — de laquelle nous nous rapprochons peu à peu dans nos entretiens — qui est celle de la vacuité.

La nature de Bouddha est en chacun de nous, elle réside en tout être vivant et même, nous l'avons dit, dans chaque atome. Les impuretés que nous pouvons accumuler dans nos différentes existences peuvent l'obscurcir, mais ne peuvent pas la détruire. Ainsi l'écrivait Nâgârjuna :

Comme un ornement de métal taché d'impureté
doit être purifié par le feu,
lorsqu'il est placé dans le feu,
les impuretés sont brûlées, mais pas lui.
De même en ce qui concerne l'esprit
dont la nature est claire lumière
mais qui est souillé par les impuretés du désir,
les impuretés sont brûlées par le feu de la sagesse,
mais sa nature, la claire lumière, demeure[2].

L'esprit, la plus grande force de l'univers, peut ainsi échapper à toutes les contaminations, il peut devenir meilleur (ou pire), il peut se conduire lui-même jusqu'à la bouddhéité, en reconnaissant et en cultivant cette nature de Bouddha qui réside, inaltérable, en lui-même.

---

1. Voir « Oublier le soi », par Dogen Zenji, dans *Pour comprendre le bouddhisme*, p. 281, *op. cit.*
2. *Enseignements essentiels*, p. 168, *op. cit.*

Cette nature de Bouddha est donc un potentiel commun, qu'il ne dépend que de nous — et aussi des circonstances, à vrai dire — de réaliser. Elle n'est pas encore la bouddhéité, qui est la fin de toute illusion, la cessation de toute souffrance, la connaissance de tous les détails du monde, l'annonce de l'entrée désormais possible dans le *nirvâna*. Elle est ce point où tout devient clair et paisible.

Shantideva décrit ainsi l'esprit d'éveil :

C'est le sublime nectar
Pour détruire la mort souveraine,
L'inépuisable trésor
Pour éliminer la misère du monde.

L'esprit rejoint alors l'esprit même du Bouddha, cette substance qu'on appelle l'esprit subtil, sans commencement ni fin, indépendante du corps et du cerveau, et sans doute la cause véritable de la conscience. Cet esprit subtil, qui se manifeste enfin libre de toute attache, a totalement éliminé les obstacles qui s'opposaient à la *vision* de « l'ultime nature de toute existence ».

Poètes et penseurs, depuis vingt-cinq siècles, ont longuement parlé de ce qui ne peut pas être écrit. Mais seule l'expérience compte. Comme le demandait Shantideva : « Est-ce qu'un malade peut être guéri par la simple lecture d'un texte médical ? » Ce qu'on peut affirmer, c'est que le chemin est long, que les modifications qui s'opèrent en nous exigent du temps, de la patience, et que l'éveil n'est pas toujours clairement sensible. Au demeurant, différentes écoles ont proposé différentes voies, qui toutes s'arrêtent à l'indicible, à ce territoire de lumière obscure et de silence. Toute dualité disparaît, le monde et nous cessons d'être deux, et chacun sait que le langage, qui est parlé et qui est écouté (ou lu), repose par nécessité, comme toute communication, sur la séparation, au moins conventionnelle, entre celui qui parle et celui qui écoute.

Comme le dit un beau poème chinois du Moyen Âge, attribué à Seng Can (on dit que l'éveil le guérit en même temps de la lèpre), et qui s'intitule *Inscription sur la confiance en l'esprit* :

> *Authentique esprit : pas deux*
> *Pas deux : authentique esprit*
> *Tout discours cesse.*
> *Plus d'allées et venues maintenant*[1].

Nous revenons à nos désirs.

— Ceux qui affirment que tout désir est négatif se trompent. Ils donnent souvent trop d'importance à des notions comme l'oubli de soi, le détachement, et cela les conduit à des excès, à ne jamais penser à eux-mêmes, par exemple.

— L'estime de soi est souvent trop haute ; peut-elle être aussi trop basse ?

— Oui. Elle risque de rejoindre la haine de soi, qui est un phénomène surprenant...

— Mais plus répandu qu'on ne pourrait croire. Que pensez-vous de la psychanalyse ?

— Bien que l'inconscient, dans le bouddhisme, soit connu depuis très longtemps, la psychanalyse ne fait pas partie de nos habitudes. Peut-être est-ce un phénomène culturel, adapté à l'Occident ; et de toute manière très intéressant. Mais le bouddhisme aime se fonder sur des expériences directes. Ce n'est pas mon

1. *Pour comprendre le bouddhisme*, p. 214, *op. cit.*

cas avec la psychanalyse. Je ne l'ai jamais pratiquée, j'hésite donc à en parler.

— Si le bouddhisme s'est passionné pour la structure et le fonctionnement de l'esprit, la même obsession habite aujourd'hui l'Occident.

— Mais d'un autre point de vue.

— Avez-vous rencontré des spécialistes du cerveau ?

— Oui, plusieurs fois.

— Puisque la science s'est rendu compte que toute recherche est désormais inséparable de l'esprit qui observe et analyse, il importe avant tout de connaître cet esprit. Pour le connaître, il nous faut étudier le cerveau, où nous voyons le siège de toute pensée.

— Je sais bien, me dit-il. Personne ne peut nier que le cerveau et l'esprit ne soient liés. C'est évident. Mais le bouddhisme ne dit pas que toute pensée et toute conscience sont forcément liées aux molécules du cerveau. Nous distinguons plusieurs niveaux de conscience. Le niveau le plus élevé échappe au support matériel. De ce fait, cette conscience-là est indestructible.

— Pour vous, la pensée, ou disons l'esprit, la conscience, existe en dehors d'un support corporel ?

— À un certain niveau, oui. Sans aucun doute. Elle est indépendante des particules physiques.

Le débat est ancien. Il s'est aiguisé dans les dix dernières années et ne rassemble pas encore un consensus. Bien qu'un assez grand nombre de neurobiologistes semblent se rallier à l'idée d'un cerveau seul producteur de conscience et de pensée[1], la tradition spiritualiste,

1. Voir à ce propos *l'Homme neuronal*, de Jean-Pierre Changeux, Fayard, 1983, et *Biologie des passions* de Jean-Didier Vincent, éditions Odile Jacob, 1986.

qui sépare l'esprit (ou l'âme) de la matière corporelle, est loin d'être éteinte, même parmi les scientifiques. Les psychanalystes résistent, naturellement, mais aussi certains psychiatres, et des sociologues.

Je raconte au Dalaï-Lama plusieurs rencontres avec le prix Nobel Gerald Edelman, immunologiste qui s'est laissé fasciner par l'étude du cerveau humain[1], qu'il appelle « l'objet le plus complexe de l'univers ». Je lui parle aussi du travail que nous avons poursuivi pendant trois ans avec plusieurs comédiens, sous la direction de Peter Brook, pour composer le spectacle qui s'appelait *l'Homme qui*. À partir des ouvrages du neurologue anglais Oliver Sacks[2], nous avons longuement fréquenté, à New York, à Delhi et surtout à Paris, à l'hôpital de la Salpêtrière, les départements de neurologie. Les médecins nous ont mis en présence de malades souffrant de lésions cérébrales diverses, entraînant des troubles de l'esprit, aphasie, amnésie, agnosie, et aussi des comportements inclassables, longtemps considérés comme bizarres ou singuliers, étudiés aujourd'hui à partir de lésions précises.

À cette occasion, nous avons pu voir que le cerveau et les organes des sens peuvent entrer en complet désaccord, qu'un individu, que rien ne permet de traiter de « fou », entend des voix imaginaires qui lui chantent distinctement des chansons oubliées depuis sa tendre enfance. Plusieurs patients ne reconnaissent pas, qui son bras, qui sa jambe, et tentent de les arracher, de les rejeter. Un autre s'imagine, avec une conviction sans

1. *Biologie de la conscience*, éditions Odile Jacob, 1992.
2. En particulier *l'Homme qui prenait sa femme pour un chapeau*, Le Seuil, 1989.

faille, qu'il vit dans un rêve, que cet hôpital où il se trouve et les médecins qui le soignent sont les produits de ce rêve — dont il espère se réveiller en montant sur le toit et en se jetant dans le vide. Un autre, à qui on présente une rose, décrit parfaitement la tige, les feuilles, les pétales, mais il est incapable de dire le mot « rose ». Un autre ne peut pas dire « non », sauf si on menace de le frapper. Un autre allume et éteint sans cesse une bougie, tout simplement parce qu'il aperçoit des allumettes près de sa main. Un autre ne voit que la partie droite de l'image qui s'offre à ses yeux (qui sont tous les deux en excellent état de fonctionnement) : il ne mange que la moitié droite de sa tranche de jambon, il ne se rase que la moitié droite du visage.

Et cætera. La liste est sans fin.

Tous ces comportements aberrants proviennent de lésions visibles et peuvent peut-être expliquer tout ce que l'histoire obscure des peuples compte d'illuminations et de possessions.

Est-ce dire que tous nos comportements s'expliquent par le jeu simple de notre cerveau ?

— En réalité, lui dis-je, le cerveau reste encore le grand inconnu. Nous savons pour le moment très peu de chose sur le fonctionnement de nos cent milliards de cellules cérébrales. Edelman suppose la possibilité d'une évolution, d'une sorte de sélection naturelle des neurones. D'autres parlent d'une vie en société, ils identifient tel ou tel type de neurones, ils y voient des attirances, des influences extérieures, des combinaisons et des répulsions ; ils reconnaissent des chefs, des réseaux, pourquoi pas des sectes ?

Je lui parle aussi de ce que la physique des particules affirme aujourd'hui, et qui paraît aller à l'encontre des croyances traditionnelles. Si les neurobiologistes nous disent d'un côté que l'esprit meurt, ou en tout cas paraît s'effacer et mourir, lorsque cessent à la mort les opérations du cerveau (on n'a jamais pu trouver la substance de l'esprit, ni de la pensée), d'un autre côté les physiciens nous assurent que notre matière, dans ce qu'elle a de plus élémentaire (c'est-à-dire les particules), ne meurt pas, ne peut pas mourir. Nos particules se recomposent en d'autres corps, végétaux, animaux et autres qui à leur tour pourront connaître ce que nous appelons la mort.

Et le nombre de ces particules est si élevé — nous disent, et même nous démontrent les scientifiques — qu'à chaque respiration nous inspirons quelques particules de Socrate, de son vêtement, des oignons qu'il mangeait, et non seulement de Socrate et de Jules César, mais de tous les millions et millions d'anonymes qui ont marché sur cette terre, composés de la même matière élémentaire qui passe inlassablement de l'un à l'autre. Ainsi, chaque fois qu'il respire, le Dalaï-Lama inhale quelques particules qui ont provisoirement formé le Bouddha Çâkyamuni lui-même. Et moi aussi j'en inspire quelques-unes, et les autres personnes qui sont dans la pièce font de même, et tous les habitants de la terre.

Notre matière élémentaire est immortelle, alors que notre esprit et notre conscience paraissent bel et bien mourir lorsque s'arrête le cerveau.

— Ainsi, me dit le Dalaï-Lama, la science contemporaine paraît inverser les données anciennes, qui jugeaient la matière périssable et l'âme immortelle ?

— À vrai dire, avec prudence. Si certains scientifiques s'expriment d'une manière radicale, d'autres préfèrent parler de leur incertitude, et même de leur ignorance. À la question : « Que devient l'esprit après la mort ? », ils répondent généralement : « Nous ne savons pas. »

— Ce qui est, me dit-il, une attitude scientifique.

— Ils disent exactement : nous perdons la trace de l'esprit, nous ne le voyons plus, nous ne pouvons plus dire qu'il survit au cerveau.

— Mais un jour ils sauront, peut-être ?

— Ils l'espèrent. En tout cas, ils persévèrent dans leur recherche. Ils disent qu'ils n'en sont qu'au début.

— Les bouddhistes seront toujours prêts à les écouter.

— Et à changer d'avis ?

— Pourquoi pas ?

Je lui demande alors :

— On dit souvent, dans les écritures bouddhiques, que la main ne peut pas saisir la main, que l'œil ne peut pas voir l'œil. Est-ce que l'esprit peut s'étudier lui-même ?

— C'est une question difficile.

Il réfléchit assez longuement avant de dire :

— Est-ce que l'esprit peut seulement *voir* l'esprit ? Nous devons répondre oui et non. Non, parce que l'esprit ne peut pas être à la fois sujet et objet. Nous en avons déjà parlé. Je crois que sur ce point, à l'Est et à l'Ouest, nous sommes plus ou moins d'accord. L'esprit intervient, qu'il le veuille ou non, qu'il le sache ou non, dans tout ce qu'il observe. À plus forte raison s'il s'agit de lui-même. Mais l'esprit ne peut pas se voir tout entier. C'est rigoureusement impossible.

— Même si un esprit observe un autre esprit ?

— Même dans ce cas-là, répond-il. Vous faites allusion à la méthode occidentale, faite d'observation systématique et d'expérience. Bien entendu, elle parvient à des résultats, de même que la psychiatrie, la psychanalyse. Toutes ces approches sont valables, mais partielles.

— Elles sont comme des armées qui assiégeraient la même place forte, avec différentes machines.

— Mais c'est toujours l'esprit qui observe l'esprit. Et qui veut l'observer dans sa totalité. Nous pensons, nous, qu'il vaut mieux partir de l'intérieur de la place forte. Et procéder petit à petit, par différentes zones.

— Par différents niveaux ?

— C'est cela. Et cette technique est en partie possible. Par exemple : aujourd'hui mon esprit peut se souvenir de mon esprit d'hier, de ses pensées, de ses interrogations, de ses croyances. Autrement dit, dans une certaine mesure, je peux *voir*, je peux lire l'état dans lequel mon esprit se trouvait hier. C'est un début, qui peut me conduire assez loin.

— C'est-à-dire ?

— Le bouddhisme, tout au long de son histoire, est arrivé à distinguer plusieurs centaines de milliers, je crois, d'opérations de l'esprit.

Il n'est pas très sûr de cette estimation et demande à Lhakdor de la confirmer, ce qui est fait.

Je lui demande, étonné par ce chiffre :

— Personne ne peut prétendre connaître toutes ces opérations. Une vie n'y suffirait pas !

— Plusieurs vies n'y suffiraient pas. Mais là aussi différents niveaux de travail sont possibles.

Je lui répète que cette immense entreprise, propre au bouddhisme, me paraît unique dans l'histoire de la pensée. Quelque chose, il me semble, nous manque : la tranquille observation de l'esprit en tant que tel. Nous ne voyons presque rien de semblable, par exemple, dans l'histoire du christianisme, où jamais l'esprit humain ne se place lui-même en position d'objet d'étude. Tout au plus puis-je citer au Dalaï-Lama saint Thomas d'Aquin, qui étudia longuement l'« intellect agent », distinguant dans l'intelligence deux fonctions, l'une active et l'autre passive, et les *Exercices spirituels* d'Ignace de Loyola, où l'esprit s'astreint à une discipline sur lui-même, selon une méthode précise, pour atteindre une dévotion supérieure.

— Il y a plusieurs raisons à cela, me dit-il. Et d'abord l'importance que vous donnez à la foi et au Dieu créateur. Quand la foi nous saisit, quand un credo nous est donné, il n'y a plus de raison d'examiner l'esprit.

— En revanche, quand il est seul maître à bord, quand tout dépend de sa seule expérience, il devient indispensable de le connaître.

— Absolument indispensable. Dans l'hypothèse (qui n'est pas la nôtre) d'un dieu créateur, juge permanent de nos actes, le rôle de l'esprit nécessairement s'amenuise. Nous devons chasser toute espèce de doute et d'interrogation. La foi nous vient directement de Dieu et la foi nous conduit directement à la compassion, ou si vous préférez à une attitude morale. Inutile dans ce cas de chercher à approfondir ce sentiment de compassion, inutile de se perdre dans des complications inutiles.

— Et même dangereuses pour la foi.

— Naturellement. Toute réflexion est dangereuse pour la foi.

— Et toute foi est dangereuse pour l'esprit, qui se voit condamné à entrer en paresse.

Les neurologues parlent souvent de l'aspect *réducteur* de notre cerveau, toujours prêt à se laisser séduire par une solution facile et le plus souvent erronée — ce qui ne l'empêche pas de s'y cramponner. La tradition bouddhiste nous dit exactement la même chose, avec d'autres mots. Et le Dalaï-Lama doit admettre que cette tradition, en de nombreuses occasions, n'échappe pas à la dictature automatique d'un catéchisme, d'un formalisme répétitif où l'esprit, là aussi, s'assoupit parfois, satisfait de peu.

— Et pourtant, me dit-il, le Bouddha nous a donné le meilleur exemple possible. Nous le tenons aujourd'hui pour un être supérieur, parvenu au plus haut degré convenable de la conscience et de l'existence. Mais au début, avant son éveil et ses quarante-cinq années de prédication, il était un homme comme les autres. C'est par son propre effort, par sa propre et dure application, qu'il est devenu le Bouddha.

Nous évoquons un moment les années de recherche et de solitude du prince Siddhârta. Après son départ nocturne de la ville de Kapilavastu — nuit magique, où tout le palais dormait, où la légende montre les dieux qui soutiennent les sabots de son cheval Kanthaka, pour éviter le moindre bruit — il décida d'abord de mener une vie errante. Il avait vingt-neuf ans. Il coupa ses longs cheveux, changea de robe avec un pauvre chasseur, renvoya son cocher Chandaka. Puis, tout en mendiant son riz, il se mit à la recherche d'un maître. Il suivit d'abord l'enseignement du réputé Aruda Kalama, puis de Rudraka Râmaputra. Il égala aisément ces deux maîtres, mais sans atteindre ce qu'il cherchait. Impressionné par les pratiques ascétiques des renonçants qu'il rencontrait, il résolut d'emprunter cette voie. Et il la suivit rigoureusement pendant six ans, dans un lieu aride, au point de parvenir à la plus extrême faiblesse.

Presque mort, il ne parvenait pas à la libération. Il revint au monde, se remit à manger légèrement une fois par jour, et reçut enfin l'illumination. Mais il ne la reçut pas une fois pour toutes. Chaque jour sa nouvelle science était discutée, remise en question, principalement par lui-même. La légende montre Mâra, le puissant démon, revenant sans cesse à la charge pour détourner Çâkyamuni de son œuvre. Nous avons aussi gardé la trace de divisions parmi ses disciples, et même de la rébellion d'un dénommé Devadatta, qui voulut assassiner l'Éveillé pour prendre sa place à la tête de la communauté naissante.

— Pendant ces quarante-cinq années, ajoute mon interlocuteur, il n'a pas cessé de s'interroger, de mettre en garde ses disciples, de préciser sa doctrine, de prévenir à l'avance une divinisation qu'il devinait (et que les hindouistes proclamèrent en effet, assimilant Çâkyamuni à la neuvième incarnation de Vishnu). Ce qui signifie que jusqu'à l'instant même de son entrée dans le *nirvâna,* son esprit, prodigieusement développé, n'a pas cessé de travailler, de s'observer, de s'élever jusqu'à la plus fine subtilité. Alors que dire du travail à accomplir sur *notre* esprit ?

— Le *nirvâna*, c'est quoi ?

Le mot est déjà revenu à plusieurs reprises dans nos conversations. Je sais, pour l'avoir lu ici et là, qu'il ne s'agit ni du paradis tel que nous le concevons, ni de la cessation complète de toute vie, d'une sorte d'effacement dans l'hypothétique Grand Tout. Je sais aussi que les premiers commentateurs occidentaux du bouddhisme, surtout lorsqu'ils étaient chrétiens, ont parlé d'un « abîme d'athéisme et de nihilisme » (Dahlmann), d'un « anéantissement » (Burnouf) et tout simplement du « néant » (Schopenhauer). Pour Rhys Davids, et pour d'autres, il s'agit d'un état auquel il est impossible de parvenir dans cette vie.

Par le fait même que celui qui a pénétré dans le *nirvâna* se trouve dans l'impossibilité de le décrire, le *nirvâna* reste une énigme. La plupart du temps, les commentateurs bouddhistes parlent d'une sortie hors du cycle fatidique des renaissances, d'un passage à un autre mode d'existence, sans conditionnement, sans devenir, sans disparition, finalement libérée de la loi de l'impermanence, du changement. Souvent ils reconnaissent l'impuissance des mots à exprimer ce qui par définition échappe à l'expression : une expérience surhumaine. Comme l'a écrit Walpola Rahula : « Le vocabulaire d'un poisson ne pourrait pas comporter de termes exprimant la nature de la terre ferme[1]. »

Le même auteur, dans le même livre, fait remarquer que le *nirvâna* se définit généralement de manière négative (absence ou cessation de tel ou tel phénomène), sans qu'il soit lui-même ni positif, ni négatif, car il échappe à ces deux notions. Il va même au-delà de la chaîne, pourtant si fermement articulée dans le bouddhisme, de la cause et de l'effet. Il n'est produit par rien, il est, comme la vérité suprême.

— D'ailleurs, me dit le Dalaï-Lama, le Bouddha n'a guère parlé du *nirvâna*. Oui, il a indiqué une délivrance des renaissances (ce qui, entre parenthèses, ne rend la notion compréhensible à un Occidental que s'il admet comme un fait l'enchaînement des transmigrations, le *samsâra*), mais ses indications s'arrêtent là. D'où une multitude d'interprétations. Vous me demandez ce qu'est le *nirvâna*. Je vous réponds : *une certaine qualité de l'esprit*.

— Comment atteindre cette qualité ?

---

1. Dans *l'Enseignement du Bouddha, op. cit.*

— La nature humaine est contaminée. Le rapport que nous entretenons ordinairement avec ce que nous appelons la réalité est faussé. Nous devons toujours revenir à ce point. Que cette relation soit fondamentalement erronée, qu'elle repose sur une illusion, c'est un fait que nous ne pouvons admettre que si précisément nous sortons de cette illusion.

— Le propre d'une illusion est que nous la prenons pour la réalité.

— Exactement. Et qu'il soit possible de sortir de cette illusion, de nombreux exemples nous l'attestent, à commencer par celui de Çâkyamuni. La contamination doit être chassée de notre esprit, et elle peut l'être, nous le savons. À partir de cette purification, de cet éveil, notre esprit peut atteindre cette haute qualité que j'appelle le *nirvâna*.

— Il n'est donc pas nécessaire, pour cela, de mourir ?

— Absolument pas. D'ailleurs toute notre tradition affirme que cette haute qualité de l'esprit n'est pas affectée par la mort. Nombreux sont les sages qui ont atteint le *nirvâna* dans cette vie.

— Depuis le début de nos entretiens, lui dis-je, je suis avant tout fasciné par cette permanence de la confiance en l'esprit. On dirait que rien ne peut l'altérer, et que l'esprit, capable du pire et du meilleur, tient en lui-même son propre destin et par là même le destin du monde, auquel il est intimement lié.

— Mais cette liaison, si étroite soit-elle, ne fait pas de l'esprit le prisonnier du monde, ou si vous voulez de la matière. Par un effort particulier il peut se libérer, s'éveiller et survivre.

Comment se libérer ? Le cœur de la méthode bouddhiste s'appelle la méditation. Elle doit être longue et quotidienne, et plusieurs ouvrages la décrivent[1]. Mon interlocuteur m'assure que les recommandations physiques, portant sur la posture ou le rythme de la respiration, sont secondaires.

— Le yoga n'est donc pas utile ?

— Cela dépend des individus. C'est ce que souvent répond le bouddhisme. Pour certains le yoga est un exercice difficile, douloureux, qui n'aide en rien le travail de l'esprit. Pour d'autres, c'est une méthode plus facile, plus naturelle, qui peut contribuer à leur bien-être général. Mais — et ici il insiste — *l'outil principal pour purifier l'esprit, c'est l'esprit.*

Il continue, employant tantôt le mot « outil » (*tool*), tantôt le mot « arme » (*weapon*). Il évoque l'école Cittamatra, dite de « l'Esprit seul », qu'il met quelquefois en parallèle avec la mécanique quantique. Il rappelle au passage que le Bouddha est dit « omniscient », ce qui implique nécessairement qu'il y a quelque chose à savoir.

Puis il revient à la première nécessité, qui est celle du désir. Ce désir d'éveil met en œuvre la volonté, qui est aussi une faculté de l'esprit. À vrai dire toute notre vie quotidienne, qui est une constante production de relations sujet-objets, est commandée par le travail de l'esprit.

— Si nous y prenons garde, ajoute-t-il, si nous prêtons quelque attention aux opérations de notre esprit, nous ne pouvons que nous étonner en découvrant son importance. Il est au centre de tout.

1. En particulier, par le Dalaï-Lama, *la Méditation au quotidien, op. cit.*, et *Esprit zen, esprit neuf*, par Shunryu Suzuki, Le Seuil, 1977.

— Vous avez dit qu'il doit être notre propre agent de police.

— Et notre juge, parfaitement. Et il en a tous les moyens. Le bouddhisme affirme que l'homme est son propre maître, en tout cas qu'il a la possibilité de le devenir. C'est la base même de la philosophie bouddhiste, et nous avons soumis à l'expérience un grand nombre de techniques pour parvenir à cette maîtrise.

— Qui est l'œuvre de l'esprit ?

— De qui d'autre ? L'esprit est son propre créateur, à chaque instant. De là sa responsabilité, qui est essentielle.

— Si l'esprit reconnaît qu'il est son propre créateur, et met ce pouvoir en pratique, je suppose que notre attitude à l'égard des autres change aussitôt du tout au tout ?

Il me regarde et répond avec gravité :

— C'est cela le but. L'unique but.

6

Entre l'exil et le royaume

Nous parlons maintenant de l'exil. Ici même, à McLeod Ganj, village tibétain d'apparence, masque posé sur la montagne.

— Il me semble, dis-je à l'homme qui me reçoit, que le XXe siècle a été celui de l'exil. On l'a souvent caractérisé d'une autre manière, par les guerres totales, les holocaustes, par le progrès technique que nous avons naturellement évoqué. Mais on oublie souvent l'exil, volontaire ou forcé, de dizaines de millions d'individus, en observation à Ellis Island avant de peupler les États-Unis, soldats coloniaux enrôlés de force, travailleurs immigrés réclamés par l'Europe, laquelle aujourd'hui les rejette, populations déplacées comme nos pieds-noirs d'Algérie, *boat people* et j'en oublie. Jamais aucun siècle n'arracha autant de racines.

— Je n'y avais pas pensé, mais c'est sans doute vrai.

— Nous savons pourtant qu'il existe un lien profond entre un peuple et sa terre, et que ce lien est à l'origine de mille coutumes, comportements et même croyances

— Oui, c'est certain.

— Ce lien, pour diverses raisons, nous avons entrepris de le couper ici et là. Vous-même, vous vivez en exil depuis trente-cinq ans. Les Chinois ont envahi le

Tibet en 1950, alors que vous aviez quinze ans. Pendant neuf ans, comme vous l'avez raconté dans votre livre[1], vous avez essayé de résister, de négocier, vous avez rencontré Mao Zedong et Zhou Enlai, vous avez fait appel à d'autres puissances, tout cela en vain. La Chine ne cessait de faire peser une oppression de plus en plus dure, allant du massacre à la colonisation. Vous avez pris alors la décision de quitter votre pays, votre peuple, pour continuer à l'étranger votre combat, selon vos méthodes.

— C'est exact.

— Ma question est simple : est-ce que l'exil vous a aidé ? Y avez-vous trouvé une force ?

— Oh oui ! Sans aucun doute. Je peux essayer de vous dire pourquoi. Lorsque, à un moment de notre vie, nous rencontrons la véritable tragédie — et cela peut arriver à chacun de nous — nous pouvons réagir de deux manières. Nous pouvons évidemment perdre l'espoir, nous laisser glisser dans le découragement, dans l'alcool, la drogue, la tristesse sans fin. Nous pouvons au contraire nous réveiller, découvrir en nous-mêmes une énergie qui s'y dissimulait, et agir avec plus de clarté, plus de force.

— Vous avez choisi la seconde manière ?

— Je l'espère. J'ai découvert à l'âge de quinze ans la force brutale de la politique. J'ai découvert l'impérialisme impitoyable, le désir cruel de conquête, la loi dite des armes. Dans ma jeunesse, le communisme a exercé sur moi une certaine séduction. Il m'a même semblé qu'une synthèse entre bouddhisme et communisme était possible. Je me suis alors heurté aux contradictions

1. *Au loin la liberté*, *op. cit.*

incompréhensibles de la politique chinoise, à la frénésie des slogans, à l'intoxication de millions de cerveaux. J'ai connu tout cela dans mon adolescence et ma jeunesse. Après quoi sont venues les déceptions, la certitude, enfin, que Mao n'était autre que « le destructeur du *dharma* ».

— Vous n'aviez que dix-neuf ans, en 1954, quand vous avez constaté que l'Inde, signant un accord avec la Chine, s'abstenait de remettre en question l'occupation militaire du Tibet.

— Oui, autre déception. Diplomatique, celle-là. J'ignorais tout du jeu diplomatique. J'ai connu à la même époque les premières attaques des Chinois contre la religion tibétaine, accusée d'archaïsme et de barbarie. Attaques parfois perfidement indirectes, comme ces campagnes d'extermination ordonnées contre les insectes et les rats, alors que le bouddhisme interdit de tuer même un animal.

— Et aussi la brutalité, les exécutions politiques ?

— Oui, les mesures d'oppression, et des atrocités de toutes sortes, rendant une collaboration impossible. Couvents détruits, œuvres d'art saccagées, crucifixions, vivisections, démembrements, viscères et langues arrachées. Nous avons connu toutes ces horreurs, et sur notre sol. En 1959, en plein désarroi, suivant enfin les conseils d'un oracle qui, à plusieurs reprises, m'avait conseillé de partir, je me suis décidé pour l'exil.

— Trente-cinq ans plus tard, cet exil perdure.

— Un aspect positif de la situation d'exilé, me dit-il, c'est que vous portez sur votre pays un autre regard. Ainsi, à propos du Tibet, tout le rituel qui avait entouré ma jeunesse a perdu de son importance. Du premier au dernier jour de l'année, ce n'était qu'une suite de cérémonies, parfaitement réglées, et que tout le monde prenait très au sérieux. Ce formalisme réglait jusque dans le détail notre vie de chaque jour. Il fallait l'observer même en parlant, même en marchant.

— L'exil a effacé le prestige du rituel ?

— Bien sûr. L'aspect solennel me touche beaucoup moins. C'est inévitable. La fuite et tout ce qui a suivi, notre lutte patiente pour nous faire reconnaître par d'autres nations, tous mes voyages, toutes mes prises de parole m'ont rapproché de la réalité. Il faut dire aussi que l'exil m'a permis de découvrir le reste du monde, de rencontrer d'autres peuples, de connaître d'autres traditions. Rien de plus utile. L'Inde nous a accueillis. Notre installation dans un pays libre a facilité ces rencontres, qui dans les années cinquante restaient difficiles au Tibet.

— L'Inde, pour les bouddhistes, c'est la terre sacrée ?

— C'est *Aryabhûmi*, oui, la terre où le Bouddha Çâkyamuni est né pour la dernière fois, la terre où il a connu l'illumination, où il a prêché. Nous avons de nombreux centres en Inde et chaque année, pour moi, c'est avec une vive émotion que je retourne à Bodhgayâ, à l'endroit même où il connut l'éveil.

— Cet exil de trente-cinq ans a-t-il créé, ou développé, un sentiment nouveau parmi les Tibétains ?

— Oui, sans aucun doute. Une véritable « tibétude ». Elle est née de ce passage difficile dans la longue histoire du Tibet. Des siècles et des siècles d'enracinement peuvent faire oublier ce sentiment. Les liens avec la terre vous paraissent acquis, intouchables. Quelque chose survient, qui remet ces liens en question. Vous découvrez une brutalité cynique, l'usage écrasant de la force, votre propre fragilité. Vous partez, enfin, vous ne voyez votre pays que de loin, il est occupé, ravagé, et pourtant vous vous rendez compte qu'il n'a pas disparu, qu'il subsiste en vous, que vous vous sentez toujours tibétain. Alors vous commencez à vous demander : être tibétain, c'est quoi ?

— De là sans doute tous ces efforts pour ouvrir des écoles, pour maintenir la langue tibétaine, la musique, le chant, la danse ?

— Nous avons créé une université où tout l'enseignement est donné en tibétain, même dans les disciplines scientifiques.

— Ce qui a développé la langue ?

— Inévitablement. Et renforcé notre union. Nous avons quelque chose à défendre.

À ces efforts s'ajoutent des publications littéraires, soutenues par des revues publiées à Dharamsala comme *Jang Chon* (*Jeunes pousses*) et *Art et Littérature tibétains*. Après 1959, les policiers chinois ont traqué, au Tibet, cette jeune littérature, qualifiée de « réactionnaire ». Tout ouvrage nécessitait une autorisation de publication, très difficilement accordée par la cellule du parti.

Pionnier de cette littérature, le romancier Thondup Gyal s'est suicidé en 1985. Il était de ceux qui critiquaient, assez amèrement, les croyances et traditions tibétaines, responsables à ses yeux de l'asservissement d'aujourd'hui. Ce qui me conduit à demander au Dalaï-Lama :

— À propos du Tibet, n'avez-vous pas évoqué, dans plusieurs de vos livres, un *karma* collectif ?

— Cela fait intimement partie de notre enseignement classique. Ce qui est vrai pour un individu — qui sentira dans une de ses existences les effets, favorables ou non, de son *karma* — est vrai pour les groupes, pour une famille par exemple, et aussi pour une nation, pour un peuple.

— Le Tibet avait donc quelque chose à « payer » ? Ce châtiment était inévitable ?

— On peut se le demander. Pendant très longtemps, le Tibet s'est coupé du monde, a refusé tout changement, toute influence. Il a voulu croire qu'il était le seul à posséder la vérité, et qu'il pouvait vivre dans l'isolement.

— Mais le monde s'est rappelé à lui.

— Très durement. Et nous nous demandons en effet si notre *karma* collectif ne nous a pas conduits à cet affrontement, qui tourna au désastre.

— Il s'agirait d'une forme subtile de responsabilité collective ?

— Peut-être.

— Aujourd'hui, le croyez-vous encore ?

— Comme toujours dans le bouddhisme, il faut distinguer les causes et les conditions. Les causes principales de l'agression, de tant de malheurs et de souffrances, sont à chercher dans les vies antérieures, et pas nécessairement chez les Tibétains.

— Chez d'autres peuples ?

— Peut-être même dans d'autres étoiles, dans d'autres galaxies. Tout se tient. Aucun événement ne peut être considéré comme isolé, sans rapport avec les autres. Nous en avons déjà parlé. D'autres êtres sensibles et responsables, par leur comportement, ont pu créer un *karma* négatif dont l'effet s'est fait sentir à ce moment-là. Cette chaîne illimitée de causes et de conséquences est presque impossible à démêler, mais elle existe. Tous nos actes ont un poids. Ce poids se fera sentir, un jour ou l'autre, ici ou là, individuellement ou collectivement. Raison majeure pour que nous respections la voie du *dharma*.

Ainsi, par un biais, le bouddhisme retrouve ce sentiment d'une solidarité universelle que l'hindouisme affirmait déjà. Cette notion du *dharma*, propre à l'Inde — mais qui s'est répandue dans une grande partie de l'Asie — est sans doute un des points qui séparent le plus radicalement Occident et Orient. La position de l'individu, de son statut, de ses droits, et par conséquent l'existence affirmée de son ego, fruit d'un concours particulier de circonstances que nous devons connaître et que nous pouvons modifier, et même soigner, cet individualisme existe déjà dans la tradition chrétienne. On a même soutenu que cette affirmation de l'individu (exacerbée par la compétition contemporaine) reposait sur une parole du Christ, s'adressant à un futur apôtre : « Tu es Pierre... »

Il est Pierre, il n'est pas Paul, il n'est pas davantage une partie infime du Grand Tout, nécessairement reliée à toutes les autres parties. Son destin sera individuel, limité dans le temps et l'espace, et bientôt placé entre ses mains. Même le salut éternel est une affaire individuelle. L'idée d'un peuple, qui tout entier serait condamné à la géhenne ou appelé au paradis, est assez étrangère au christianisme. On n'en trouve des échos que dans certaines hérésies. L'individu a toujours la possibilité de rencontrer la vérité et de « faire son salut », ou de choisir l'enfer. Les lois républicaines n'ont jamais fait que confirmer notre capacité d'un choix.

Ici, à Dharamsala, malgré l'immense effort demandé à l'individu pour qu'il pénètre par la méditation en lui-même, à la recherche de ce calme intérieur sans lequel toute action est vaine, personne n'oublie qu'il n'est qu'une substance instable, continuellement défaite et recomposée, sans existence individuelle indépendante, et par là même en relation avec tout le reste du monde.

— Et les conditions ?

— Pour les conditions, me dit-il, les Tibétains eux-mêmes sont certainement responsables.

— Par aveuglement ?

— Sans doute. Par ignorance du reste du monde, de la Chine, de l'Inde, des tensions politiques, des bouleversements apportés par la Deuxième Guerre mondiale. Beaucoup de Tibétains pensaient que notre pays était un territoire extraordinaire qui échappait aux lois communes, et même au passage du temps.

— À cause du bouddhisme ?

— Oui, en partie, à cause du Bouddhadharma. Tout un peuple suivant la loi juste, et accomplissant fidèlement les rituels, devait nécessairement établir une protection pour ce même peuple.

— Tous les habitants du Tibet partageaient ce sentiment ?

— Tous, non. Un grand nombre, oui. Et parmi eux certains hauts dignitaires, responsables de la défense du pays, qui croyaient à des protecteurs invisibles.

— Contre des agresseurs bien visibles.

— Il s'agissait d'une aberration, d'un aveuglement complet devant le destin. Lors de l'invasion des Chinois en 1950, quand la jeune armée communiste a franchi nos frontières, ces hauts dignitaires ont confié notre défense à nos divinités. Un personnage officiel aujourd'hui décédé m'a assuré que nous n'avions aucun souci à nous faire. Nos dieux nous protégeraient des Chinois.

— Vous aviez quinze ans.

— Et tout me disposait à croire ce qu'on me disait, mon enfance, le choix qu'on fit de moi, mon éducation méticuleuse, ma vie au Potala, l'encens qui accompagnait mes promenades. Mes yeux se sont ouverts très vite, mais vous imaginez ! Au milieu du XXe siècle, des prières contre des canons ?

Cette évocation ne le fait pas sourire. Il revient encore une fois à l'aveuglement des responsables. Il dit alors, ce qui me laisse un peu surpris :

— Le gouvernement faisait confiance aux divinités, mais d'un autre côté il ignorait les prophéties et les oracles.

— Les responsables ne voulaient pas entendre ?

— Les responsables n'étaient pas responsables.

Je me souviens du rôle important que jouent dans la tradition tibétaine, jusqu'à aujourd'hui, les oracles, les prophéties, les visions et les rêves prémonitoires. Le Dalaï-Lama lui-même parle souvent des oracles du Tibet. Ces oracles sont des religieux, des médiums qui ont reçu un entraînement particulier. Des divinités peuvent s'incarner dans leur corps, transformer leur visage et leur voix en une sorte de transe, et parler par leur bouche. En état de transe leur visage rougit, leurs yeux s'injectent de sang, leur langue devient épaisse et pendante. Ils sont à ce moment-là possédés par une force extraordinaire qui leur permet de tordre des épees. Les paroles entrecoupées qu'ils profèrent sont recueillies et interprétées par d'autres religieux.

Le plus célèbre est l'oracle de Nechung, qui incarne le dieu Péhar. Le gouvernement tibétain l'emploie pour ainsi dire officiellement.

Le Dalaï-Lama ne semble pas mettre en doute la vérité de cette tradition, ni d'autres signes qui viennent d'ailleurs, comme une statue qui change de position. Il écrit qu'après la mort des grands lamas, leurs os fondent et qu'on peut alors y apercevoir des images, ou y lire des lettres qui indiquent la divinité protectrice du disparu. Dans une pensée qui se veut rigoureuse, et qui s'efforce de ne rien affirmer qui ne soit un fait, qui ne vienne de l'expérience, on voit ainsi se glisser ce que nous appelons la dimension magique, ou surnaturelle. Impossible, et d'ailleurs absurde, de faire le tri. De l'analyse la plus approfondie à la croyance la plus naïve, tout appartient à la même structure, et chaque fibre de la doctrine éclaire en même temps toutes les autres.

Il reprend la parole :

— Tous les Tibétains, cependant, ne vivaient pas dans la même illusion. Mon prédécesseur, Thupten Gyatso, le treizième Dalaï-Lama, quand il mourut en 1933, indiqua clairement dans son testament qu'un terrible danger viendrait un jour du communisme. Comprenant déjà que nous ne pourrions en aucune manière résister physiquement à nos grands voisins, la Chine et l'Inde, et qu'il fallait user d'une adroite diplomatie, il s'adressa à nos petits voisins, le Népal et le Bhoutan.

— Pour leur proposer quoi ?

— Une sorte de défense commune : lever une armée, l'entraîner le mieux possible.

Il sourit en ajoutant :

— Ce qui, entre nous, n'est pas une pratique stricte de la non-violence.

— Comment réagirent le Népal et le Bhoutan ?

— Ils ne réagirent pas. Ils ignorèrent tout simplement cette offre. Maintenant, je vois toute la portée de la vision de mon prédécesseur. Par exemple, il voulait amener à Lhassa des garçons de la région du Kham, à l'est — région dure, assez peu peuplée, proche de la Chine — et leur donner rang de vrais Tibétains, avec une éducation militaire complète. Politiquement, c'était voir très loin. Déjà, il avançait cette idée que la défense d'une terre doit être assurée par ceux qui occupent cette terre.

— Il faut donc leur donner des armes ?

— C'est ce qu'il disait. Cet homme sentait très finement le mouvement du monde autour de lui. Il voulait aller avec le changement, ne pas laisser son pays en arrière, ou de côté.

— Si cette vision s'était matérialisée, vingt ans plus tard le Tibet aurait pu résister ?

— J'en suis persuadé. Mais il n'était pas écouté. Les dignitaires ne suivaient pas ses ordres. Voilà ce que nous appelons les conditions du *karma* collectif, on pourrait dire aussi les circonstances. Puisque, dans la conception bouddhiste de l'action, aucun événement ne peut être isolé, ne peut se produire sans un enchaînement de causes, de conditions et de conséquences, nous recherchons obstinément les conditions, qui sont plus faciles à déceler que les causes, souvent très éloignées de l'événement.

Nous continuons à parler du Tibet.

Dès 1961, le Dalaï-Lama — devenu ce qu'il appelle un « politicien malgré lui » — proposa une Constitution, qui fut acceptée. Depuis, il n'a eu de cesse de présenter et de défendre à chaque occasion la cause de son pays, de son peuple.

Il a d'abord informé. Nous avons ainsi appris l'extermination de plus d'un million de Tibétains (sur six), des mesures de répression de toutes sortes, transferts de populations, expropriations, internements concentrationnaires, application brutale de la politique de limitation des naissances, et stérilisation forcée des femmes. À quoi s'ajoutent la déforestation, l'utilisation du territoire tibétain comme dépotoir nucléaire, et surtout une colonisation chinoise systématique. La technique aujourd'hui se raffine : alors que les jeunes Chinois, après trois ans de service militaire, doivent retourner dans leur province d'origine, ceux qui ont été affectés au Tibet ont pour obligation de rester au Tibet. On estime aujourd'hui à près de neuf millions la population chinoise au Tibet : les Tibétains sont donc maintenant minoritaires sur leur propre sol. La « race » tibétaine est menacée de disparition.

Dans les années soixante, les Nations unies votèrent à propos du Tibet plusieurs résolutions qui restèrent lettre morte. Peu à peu, cependant, l'intérêt du monde s'éveillait. En 1985, quatre-vingt-onze membres du Congrès américain signèrent une lettre de soutien, adressée au président de l'Assemblée du peuple, à Pékin. En 1987, le Dalaï-Lama lui-même fut invité à parler à Washington, devant le Comité des droits de l'homme. Conscient de l'irréalisme qui consisterait à exiger aujourd'hui une indépendance pure et simple du Tibet, il proposa un plan de paix en cinq points.

Ce plan prévoyait la transformation du Tibet en une zone de paix, l'abandon par la Chine de sa politique de colonisation, le respect des libertés démocratiques et des droits humains fondamentaux pour le peuple tibétain, la restauration et la protection de l'environnement (par l'abandon, d'abord, de toute activité nucléaire) et l'ouverture, enfin, de négociations sérieuses pour le statut futur du Tibet.

En 1988, devant le Parlement européen à Strasbourg, il développa et précisa ces cinq points. Il proposa, en particulier, de faire du Tibet une vaste zone démilitarisée et une sorte de parc naturel, le plus grand du monde, où la restauration de l'environnement serait exemplaire. Toutes les associations internationales œuvrant pour la défense des droits de l'homme auraient leur place dans ce territoire d'*ahimsâ*, de non-violence. Séparées par une vaste région neutre, l'Inde et la Chine pourraient retirer les troupes qu'elles continuent d'entretenir à grands frais dans les régions himalayennes.

En 1989, l'attribution du prix Nobel de la paix parut renforcer ces propositions.

— Beaucoup de gens découvrirent à cette occasion le problème tibétain. Ils prirent des cartes, ils se demandèrent : au fait, c'est où, le Tibet ?

— Le prix Nobel a dû aussi vous aider auprès des chefs d'État ?

— Naturellement. Certains m'ont reçu officiellement, d'autres — comme le président Mitterrand — à titre privé. Toujours ces raisons diplomatiques. En tout cas, il me devenait plus facile de rencontrer les responsables et de leur parler.

— Même les responsables chinois ?

— Oui, même auprès des Chinois, le prix Nobel a joué un rôle positif.

Cependant, dans les propositions du chef du Tibet en exil, qui constituait autour de lui un ministère, qui ouvrait des bureaux dans plusieurs capitales étrangères, les Chinois ne voulurent voir qu'une démarche réactionnaire et une tentative de « sécession ». Malgré le rétablissement d'un contact officiel en 1992, les choses restent en l'état. Les Chinois continuent à traiter de « criminels » et à incarcérer les Tibétains qui se montrent fidèles à leurs traditions et au Dalaï-Lama. Ceux qui se déclarent en faveur de la Chine sont au contraire baptisés « progressistes ». L'exil continue, des manifestations — aussitôt durement réprimées (certaines même ont pu être filmées) — secouent de temps en temps Lhassa.

— Et aujourd'hui ? On dit que la situation est pire que jamais. Est-ce vrai ?

Il hoche la tête en silence. Ses assistants évoquent, comme seule chance d'un accord, une crise sévère dans la Chine elle-même. Mais rien ne la laisse prévoir.

— Le Tibet a été indépendant pendant des siècles. Il ne l'est plus. Nous devons voir les choses en face. Nous demandons une autonomie, nous ne rêvons plus d'une indépendance. Mais nous ne voulons négocier que sur la base d'un respect mutuel. Les conditions ne sont plus celles du passé et nous sommes prêts à nous inspirer des paroles de Deng-Xiaoping : « Un pays, deux systèmes. » Mais les esprits chinois ne vont pas dans ce sens. En ce moment, en tout cas.

— On dit que les occupants démolissent les vieux quartiers de Lhassa ?

— Oui, sous prétexte d'insalubrité [1].

— Que peut-on faire ? La pression internationale peut-elle jouer un rôle ?

— Elle est essentielle. Elle ne doit surtout pas faiblir, car les Chinois s'y montrent quelquefois sensibles. Chaque fois que je prends la parole en public, où que ce soit dans le monde, il y a des Chinois dans la salle. Quelquefois même je leur parle, et ils savent se montrer très aimables. Cette attitude indique bien qu'ils suivent mon action, même si dans leurs journaux ils m'accusent.

---

1. Le 7 octobre, la Chine annonçait la mise en chantier d'un chemin de fer en direction du Tibet, ce qui aurait pour effet un large accroissement de l'immigration chinoise. D'autre part, toutes les images représentant le Dalaï-Lama ont été récemment interdites, même dans les bureaux et les voitures, tandis que le gouvernement chinois exigeait le retour au Tibet de plusieurs centaines d'enfants tibétains élevés en Inde (retour obligatoire, sous peine de perdre le droit à résidence). Le Dalaï-Lama envisage de son côté d'organiser parmi les Tibétains, hors du Tibet et même à l'intérieur, un référendum portant sur l'avenir souhaité pour le pays.

— De quoi, par exemple ?

— D'ambition personnelle, d'esprit contre-révolutionnaire, de vouloir restaurer une théocratie. Les reproches classiques.

— Vous êtes optimiste ?

— Oui. Parce que la cause du Tibet est juste. Et aussi parce que la Chine ne pourra pas rester éternellement à l'écart de la liberté.

D'un côté un réalisme vigilant, un effort renouvelé pour s'adapter à ce monde changeant — effort d'autant plus méritoire que dans l'ancien Tibet, au royaume de l'impermanence, par un paradoxe assez remarquable, les choses paraissaient à jamais immuables. D'un autre côté la persistance d'un rêve, d'une sorte de terre idéale, au-delà des chaînes de l'Himâlaya, comme le Shangrila des *Horizons perdus*, une terre miraculeusement protégée où les esprits de paix pourraient se retrouver. Une terre qui serait un exemple pour la terre, où le bouddhisme, délivré du formalisme antique, trouverait sa vraie fonction de guetteur, et d'explorateur.

Utopie ? Ce n'est jamais sûr. Les rêves difficiles font aussi partie de nous-mêmes. Ils nous attirent et ils nous aident. À défaut de nous conduire vers un paradis retrouvé, ils peuvent nous amener à glisser un peu de Tibet à l'intérieur de chacun de nous.

— Peut-on concilier la politique et l'*ahimsâ* ?

— Oui, cela devrait être possible. Pourquoi pas ? Regardons notre siècle : il a imaginé, ou développé un grand éventail de méthodes pour faire de la violence la règle des rapports humains. Cela va de la guerre mondiale, avec destruction de villes entières, à l'holocauste, à la torture institutionnelle, au terrorisme comme forme d'action. Toutes ces méthodes ont échoué, et elles échoueront toujours.

— Pourquoi ?

— Parce qu'elles sont superficielles. Elles se heurtent au fond puissant de notre nature, qui est fait de bonté, de générosité. Prenons encore l'exemple des Israéliens et des Palestiniens, qui ont développé quarante années de haine. Forcément, même si des deux côtés des groupes extrémistes continuent de chanter et de pratiquer cette haine sanglante et vaine, un jour ou l'autre ils en viendront à la paix. La promotion de la haine ne mène à rien d'autre qu'à la haine. La violence est le pire des arbitres. Le respect mutuel est inévitable.

Je reviens un instant au *Mahâbhârata*. À la fin du poème, le roi Yudhisthira monte enfin sur le trône. Il est le fils même de Dharma, il est par conséquent (c'est un autre de ses noms) « Dharmâraj ». Pour une fois, c'est Dharma lui-même qui est roi. Et le monde va connaître, sous sa direction, trente-six années de tranquillité, de prospérité.

Mais cette direction parfaite ne suppose aucun relâchement de la vigilance royale. Si Yudhisthira se présente avec le *dharma* dans sa main droite, il tient toujours un bâton dans sa main gauche. Et il est prêt à s'en servir. Le roi est là pour ça.

— Naturellement, me dit le Dalaï-Lama, mais dans le monde d'aujourd'hui l'autorité doit s'exercer au nom de la loi, sous le contrôle de la Constitution. Et cette autorité doit être avant tout bienveillante. Elle ne doit pas punir pour punir.

— Vous êtes opposé à la peine de mort ?

— Formellement opposé. Mon prédécesseur l'avait abolie au Tibet. Aujourd'hui, je trouve incroyable qu'elle subsiste dans de grands pays comme la Chine et comme l'Inde. Au nom de la justice, on tue encore des êtres humains dans le pays du Mahatma Gandhi ! Sur la terre même où le Bouddha a donné son enseignement ! La peine de mort est pure violence, une violence barbare et inutile. Dangereuse même, car elle ne peut que mener à d'autres violences. Comme toute violence.

— Il faut donc se limiter à l'emprisonnement ?

— La peine capitale devrait être la prison à vie, comme chez vous. Et sans aucune brutalité.

Il en vient soudain au cinéma.

— J'ai remarqué que dans les films on ne tue jamais vraiment les animaux. On les endort avec des piqûres, pour qu'ils paraissent morts. Sauf dans les films chinois : là, on les tue vraiment, ouvertement. J'ai vu aussi, dans des films scientifiques chinois, des rats le crâne ouvert. Horrible. Et on montre ça à la télévision !

J'ai envie de lui dire que la mort véritable, à l'écran, n'est pas l'apanage des cinéastes chinois. Chez nous aussi, nous tuons à l'écran les cochons, les poulets. Un bœuf est découpé vif dans *Apocalypse Now*. Lapins et perdreaux sont abattus en masse dans *la Règle du jeu*, et dans bien d'autres films. Je me rappelle aussi une mule poignardée à mort dans un film espagnol. Sans parler des insectes, des oiseaux, des lapins, des reportages scientifiques, des documentaires sur la grande pêche. Si nous y regardons bien, la mort, la vraie, est constamment présente.

Ce spectacle de la mort, en Chine, a-t-il une relation directe avec le maintien de la peine de mort ? C'est une question qui le préoccupe. Oui, il y voit sans doute un lien.

Il donne un autre exemple :

— Les fidèles qui vont en pèlerinage à La Mecque doivent sacrifier un animal. Mais au moins, ce sacrifice, on ne le montre pas !

— Vous le désapprouvez ?

— Je respecte une tradition religieuse, mais je ne peux pas approuver ce sang versé.

Il rit franchement en ajoutant :

— Attention ! Ne faites pas de moi Salman Rushdie !

— Aucun danger. Vous n'êtes pas musulman.

— Je fais tous mes efforts pour obtenir partout une harmonie. Des millions d'actes de violence détruisent à chaque instant cette harmonie. Pourquoi en ajouter d'autres ? Pourquoi pratiquer et montrer la violence quand elle n'est pas inévitable ? L'assassinat d'un animal est une atteinte à l'harmonie universelle. J'ai véritablement horreur de ça.

— Les Chinois ne le font sans doute pas par cruauté. C'est pour eux quelque chose de naturel, peut-être.

— Je me le demande. En ce moment même, au Tibet, on me dit que des milliers d'animaux sont tués par les Chinois, par simple amusement. Des chiens, par exemple. On leur coupe une patte, ou une partie du corps, ou bien on leur arrache la peau, et on les laisse ainsi aller jusqu'à la mort. Voilà la mentalité qui se développe.

— Et qu'il faut combattre ?

— Bien entendu. Comme vous le disiez à propos de Dharmâraj, il faut toujours tenir le bâton dans une main et en faire usage si nécessaire. Oui, d'une manière ou d'une autre, il faut un système de discipline.

— Malgré la bonté de notre nature ?

— Cette bonté naturelle a tant de peine à se manifester.

— Il est plus simple d'être cruel.

— Plus simple pour certains, oui. Être cruel, c'est s'arrêter en chemin. C'est renoncer, pour telle ou telle raison, à pénétrer jusqu'au fond de nous-mêmes. C'est rester attachés à notre surface irritée, ou exaspérée.

— C'est situer le combat sur un mauvais terrain.

— Précisément, me dit-il. C'est pourquoi je crois qu'il faut dès l'enfance accorder la plus haute place à l'éducation. J'y reviens sans cesse. À cette éducation doivent s'ajouter une pratique de l'esprit, sous forme de méditation, et si possible l'influence apaisante d'une famille unie, d'un mariage heureux.

— C'est un beau rêve.

— Je sais bien. Pourtant, cette harmonie existe. Nous la sentons bien, quelquefois. Elle est inscrite au plus profond de nous. Elle est notre tendance première. Il y a, et il y aura toujours des malfaisants, je le sais aussi.

— D'où la présence du bâton ?

— Aussi peu brutale que possible.

Une bonté inscrite au fond de nous, une *gentleness* fondamentale et toute-puissante, sans laquelle tout l'édifice bouddhiste devient incompréhensible. Bonté qui s'étend à tout l'univers, et qui nous conduira un jour au *nirvâna*, mais bonté fragile, puisque le meurtre d'un chien peut déranger l'ordre du monde. Bonté secrète aussi, qui se dissimule aisément sous l'arrogance, la brutalité et l'avidité, qui sont les masques que nous portons le plus souvent.

Le paradoxe apparent — à quoi bon cette insistance sur l'éducation, s'il suffit de faire confiance à notre nature ? — se résout sans doute par ce danger qui nous entoure, danger né de l'illusion où nous naissons, où nous vivons. Notre persistance dans le malheur prend racine, sans doute, dans cet aveuglement. Qu'il cesse, que l'éveil se produise, et toutes choses semblent très normalement calmes, comme si nos désirs s'étaient évanouis.

C'est tout au moins ce que dit le bouddhisme.

Au demeurant, si les causes de cette « mentalité » peuvent ainsi se définir (à la fois par la responsabilité collective et les perversions individuelles), comment préciser les conditions ? Autrement dit, existe-t-il des circonstances particulières qui favorisent ces cruautés ?

Nous évoquons de nouveau, plus rapidement, la surpopulation et la misère, conditions reconnues, admises, et contre lesquelles la lutte est dure. Nous passons par le nationalisme, vieux verseur de sang, par le goût du pouvoir qui s'empare soudain de tel ou tel groupe d'individus, et le pousse aux actes féroces.

Nous en venons assez vite à parler de la télévision, déjà évoquée. Je lui dis qu'aux États-Unis, depuis deux ou trois ans, s'élèvent des critiques très vives à l'égard des meurtres multipliés sur petit écran. Ces critiques ne sont pas neuves. Avant la télévision, elles ont pris pour cible le cinéma, le théâtre, la peinture, la littérature — à vrai dire la plupart des formes d'expression, les accusant de donner du monde une image principalement vicieuse et sanglante, surtout aux yeux sans défense des enfants, qui auraient tendance à voir dans ce monde-là le vrai monde.

À quoi les partisans de la liberté d'expression répliquent, avec de très bons arguments, que cette influence pernicieuse n'est pas prouvée, et qu'aucune censure n'a jamais résolu un problème de société. Mais il est vrai qu'un enfant américain, ou européen, assiste chaque jour à d'étonnantes cascades de tueries. Le héros de télévision passe le plus clair de son temps, un gros revolver entre les mains, à faire basculer dans la mort ses semblables. À juste titre on peut s'interroger. Et s'inquiéter.

Le Dalaï-Lama me répond d'abord :

— Les gouvernants politiques et les chefs religieux doivent admettre, aujourd'hui, qu'ils ne sont plus les seuls à exercer un pouvoir, ni même une autorité.

— Vous voulez parler du pouvoir des médias ?

— Bien entendu. Celui de la presse est connu, analysé depuis longtemps. Celui de la radio, et plus encore de la télévision, prend aujourd'hui une place centrale.

— C'est un pouvoir indirect.

— Peu importe, me dit-il, la manière dont il s'exerce. Direct ou indirect, c'est un pouvoir réel, qui agit sur nous, qui modifie nos comportements, nos goûts et probablement notre pensée. Comme toute autorité, elle ne peut pas s'appliquer au hasard, n'importe comment.

— Sinon, ce pouvoir deviendrait arbitraire.

— Évidemment. Arbitraire et irresponsable.

— Cependant, dis-je, nous voyons s'ouvrir un peu partout des chaînes de radio et de télévision dites commerciales où le sens de la responsabilité dont vous parlez semble remarquablement atténué Ceux qui dirigent ces chaînes disent : nous sommes des entreprises de spectacle, de divertissement. Nous obéissons à une logique de marché, de compétition.

— Autrement dit, ces dirigeants refusent de reconnaître qu'ils exercent bel et bien un pouvoir ?

— C'est l'essentiel de leur discours. Ils présentent leur objectif comme uniquement commercial, avec pour ambition, comme nous disons, de « faire de l'audience ». Dans certains cas, les moyens employés comptent peu. Et toute préoccupation morale est délibérément mise de côté.

— C'est une grave erreur, me dit-il. Ceux qui dirigent ces chaînes, et ceux qui les financent, exercent un pouvoir, qu'ils le veuillent ou non. Ce pouvoir leur donne une responsabilité comparable à la responsabilité religieuse ou politique. Ils contribuent à leur manière à l'établissement et au maintien d'une communauté humaine. Le bien-être de cette communauté doit être leur premier souci.

— Sur ce point, dis-je, j'ai quelques doutes.

— Mais le problème est posé ! Depuis longtemps déjà !

— Oui, un peu partout dans le monde les gouvernements s'interrogent, des comités de surveillance et de contrôle sont mis en place, des ligues de spectateurs protestent, des lois successives se contredisent. En fait, personne n'a encore trouvé la formule magique. Peut-être parce que personne, au niveau de la décision, n'ose aborder carrément le problème.

— Comment voyez-vous ce problème ?

— Je ne suis en aucune manière, lui dis-je, partisan d'un ordre moral, ni d'une censure vigilante. Je suis mêmc lc contraire de ça. Mais, voyant comme vous que les directeurs de programmes d'une chaîne de télévision ont aujourd'hui autant de pouvoir *réel*, sinon plus, que le gouvernement en titre, il m'arrive de m'interroger, comme tout le monde, devant les déchaînements de vulgarité et de violence dont la télévision nous régale. Je me rappelle un producteur de cinéma, il y a quelques années. Il sortait de la projection d'un film produit par un autre, une sorte de western-spaghetti, et il disait, profondément dérangé : « Qu'est-ce que vous voulez faire après ça ? Dix-huit morts *avant le générique* ! »

Le Dalaï-Lama éclate de rire et me demande :

— Il les avait comptés ?

— Sans doute.

— Il s'agissait d'un film de cinéma ?

— Tous les films de cinéma passent aujourd'hui à la télévision. C'est même là qu'ils rencontrent, et de très loin, le plus grand nombre de spectateurs.

— Ces spectateurs, me dit-il, n'ont pas fait l'effort de sortir, de choisir un film. Ils restent chez eux et regardent ce qu'on leur montre.

— Oui. Le pouvoir qui s'exerce sur eux est d'autant plus efficace qu'il est caché, qu'il se présente même sous une forme distrayante, et soumise à leur apparente discrétion.

— Je comprends. Ce pouvoir leur dit : vous avez tout pouvoir sur moi.

— Ce qui est faux.

— Qu'est-ce qui vous préoccupe exactement ? me demande-t-il.

— Ce qui préoccupe tout le monde. Les enfants passent davantage d'heures devant le poste de télévision que dans leur salle de classe. On dit qu'ils découvrent le monde, mais ce monde n'est pas le vrai, il n'est qu'une image du monde.

— Mais ne peut-on pas dire que leurs connaissances sont plus étendues ?

— Si. Les enfants privés de télévision montrent de vraies lacunes, même dans leur travail scolaire.

— Ce qui vous inquiète, c'est la passivité ? Car on peut répondre à un maître, on peut l'interrompre et l'interroger, on peut même le contester. Mais comment parler à un objet ?

— La télévision s'est installée parmi nous, lui dis-je, comme un nouveau membre de la famille, impérieux, séduisant et exigeant. Même si la multiplication des chaînes lui fait perdre de l'autorité, la banalise, nous ne pouvons plus nous passer d'elle. Et non seulement nous la regardons, mais le lendemain, au bureau ou dans l'entreprise, nous parlons de ce que nous avons vu la veille. À l'école surtout. Cela devient une sorte de cercle, de vase clos. Au point que la télévision en vient à faire des émissions qui ne parlent que de la télévision.

— Et qui oublient le monde ?

— Qui l'oublient ou le défigurent.

— Cela dépend des programmes, me dit-il. Les médias peuvent donner une image euphorique, ou au contraire très négative, de la terre. Et j'imagine que les gens, en effet, finissent par voir le monde sous cette forme fausse.

— Oui, l'image l'emporte sur la réalité. La « représentation » triomphe. Le monde finit par ressembler à ce que nous voyons à la télévision.

— Si nous en recevons une surabondance d'images de violence, nous finissons par croire que le monde est ainsi.

— Nous le voyons ainsi.

— En conséquence nous sommes convaincus que la nature humaine est agressive.

— Tout le monde le dit. Il faut avouer que ce que nous apprenons des événements réels, dans les journaux d'information par exemple, ne peut que confirmer ce sentiment. Aucun journaliste ne sait ce qu'est une « bonne nouvelle ». La sélection qu'on nous présente chaque jour n'est faite que d'attentats, d'accidents, d'affrontements, d'escroqueries, de catastrophes naturelles. On a connu des téléspectateurs frappés de dépression nerveuse par excès d'informations. Et les œuvres de fiction qui précèdent ou suivent ces journaux ne peuvent qu'enfoncer le clou.

Il sourit alors pour me dire :

— Oui, mais il est bien connu que les bons sentiments n'engendrent que l'ennui et vous conduisent doucement au sommeil. Quelquefois, il peut être bon de montrer un crime.

— En quel sens ?

— Puisque nous avons en nous une compassion naturelle, et que cette compassion doit se manifester, il peut être bon de la réveiller. Une violence faite à une personne innocente, par exemple, peut nous indigner, nous scandaliser, et par là même nous aider à découvrir notre compassion.

— Tout dépend de la réponse du public.

Je suis un peu étonné de le voir prendre la défense, d'un point de vue strictement bouddhiste, d'une certaine forme de violence publique. Un peu plus tôt, il dénonçait au contraire la souffrance et la mort visibles des animaux, comme s'il était important de ne pas *montrer*. À présent, tout au moins en ce qui concerne la violence exercée sur des êtres humains, il paraît assouplir son attitude.

Il ajoute :

— La télévision, par sa violence même, peut nous maintenir en état d'alerte.

— Ceux qui étudient l'influence de la télévision ont tendance à dire le contraire : qu'elle ne fait qu'aggraver notre indifférence.

— De quelle manière ?

— Parce que tout y est présenté au même niveau d'intérêt. Or notre esprit, me semble-t-il, pour qu'un événement le frappe et qu'il s'en souvienne longtemps, a besoin de le distinguer des autres.

— Oui, me dit-il. En bien ou en mal.

— L'uniformité conduit à l'oubli. C'est pour cette raison que certains observateurs appellent la télévision une « machine à oubli ». Parce qu'elle met tout au même niveau. Même la fiction et la réalité ont de plus en plus tendance à s'y confondre. Et pas seulement pour les enfants.

— Si la violence conduit à la compassion, me répond-il, c'est une bonne chose. Si l'accumulation de violence conduit à l'indifférence, c'est en effet très dangereux.

— À quoi s'ajoutent d'étranges dérives du langage. De la même manière que beaucoup de gens confondent vie spirituelle et vie religieuse, une grande partie du public confond violence et action. Un film d'action, c'est un film violent, un film avec mort d'hommes. Et du sexe en plus, cela va de soi. Comment le sexe, qui d'ailleurs est de plus en plus violent, pourrait-il éveiller notre compassion ?

Il réfléchit un moment avant de répondre :

— Je ne sais pas. Comment faire la différence, dans les médias, entre ce qui, en fin de compte, est bon ou mauvais pour l'harmonie générale du monde, très franchement je ne sais pas. Mais je vois clairement que le problème existe.

— Et qu'il existera longtemps.

Il reprend un moment plus tard :

— Cette tentation de l'indifférence, où nous voyons tous les deux un danger, je la sens quelquefois en moi-même. Naguère, dans les années soixante ou soixante-dix, quand on me racontait des histoires tristes — et elles ne manquaient pas, autour de nous — je me sentais très ému, je pleurais souvent. Peu à peu, ces histoires me sont devenues familières, mon émotion s'est apaisée et mes larmes ont séché par habitude.

— Cela nous arrive à tous.

— Dans ma jeunesse, quand je vivais à Lhassa, je voyais les bouchers conduire des bêtes à l'abattoir. Comme j'étais extrêmement sensible au sort des animaux, et que je disposais d'un peu d'argent, j'achetais des bœufs et des moutons pour les sauver, pour les remettre en liberté. C'était d'ailleurs tout un problème : où emmener ces rescapés ?

— Et comment les protéger ?

— J'avais prévu que, chaque fois qu'un de ces animaux remis en liberté mourait, on devait apporter son corps au Potala, pour en nourrir les chiens. Sinon, n'importe qui aurait pu les tuer en cachette, les déclarer morts et les manger, ou même les vendre.

— N'était-ce pas un peu naïf ? De toute manière, les bouchers tuaient le nombre de bêtes nécessaires à la consommation.

— C'était sans doute assez naïf, mais j'avais alors douze ou treize ans. Ce que je veux dire, c'est que j'ai perdu le sentiment qui m'animait dans ma jeunesse. Aujourd'hui, en Inde, je vais ici et là, je vois des animaux condamnés à mort, des milliers et des milliers de poulets par exemple, et je me dis parfois : je pourrais en acheter quelques-uns et les sauver, mais où les mettre ? Qui s'en occupera ?

Il ajoute sans sourire :

— Je pourrais bien sûr réciter un mantra, faire une prière. Quoi d'autre ? Là aussi l'habitude a changé mon attitude. C'est d'ailleurs un point central de notre doctrine : atteindre le non-attachement, mais sans tomber dans l'indifférence.

Nous parlons alors d'Aristote.

Dans toute discussion qui tourne autour de la violence, Aristote fait tôt ou tard son apparition. Cependant, la théorie de la *catharsis* théâtrale n'est pas familière à mon interlocuteur. J'essaie de lui en parler, le plus simplement possible. La *catharsis*, lui dis-je, est une purgation. Selon Aristote, à condition que la tragédie s'inspire de sentiments élevés (cette condition est indispensable) elle peut, en montrant ou en racontant des actions violentes, provoquer cette purgation, libérer le spectateur de certaines de ses pulsions agressives et le renvoyer dans son foyer plus calme, mieux armé pour la vie.

Le Dalaï-Lama m'écoute avec attention et me pose quelques questions. Je tente de tracer les grandes lignes de l'histoire de la *catharsis* — ce qui, à ma connaissance, n'a jamais été fait — de montrer par exemple comment nos théoriciens et auteurs classiques, au XVIIe siècle, ont fini par se méfier, malgré Aristote, du spectacle même de la violence sur scène, préférant la reléguer en coulisses et se contenter du fameux récit.

Je lui dis aussi que cette influence positive de l'action tragique, éventuellement violente, n'est le fait que du théâtre. Or, le théâtre est toujours une fiction, il ne prétend pas à la réalité même. Les acteurs ne meurent pas vraiment, nous le savons tous. Les morts généralement se relèvent et viennent saluer à la fin.

Au cinéma, à la télévision, les rapports sont bouleversés. Il s'agit ici d'une suite enchaînée de photographies, et une photographie nous présente toujours quelque chose qui, à un certain moment, a existé. Le cinéma et la télévision sont ainsi, par la technique même qu'ils utilisent, des expressions réalistes, sinon réelles.

Le Dalaï-Lama, toujours très attentif, paraît très intéressé par cette distinction, qu'il comprend immédiatement. Est-ce que l'effet de *catharsis* continue de s'appliquer dans une expression réaliste ? Par exemple, est-ce qu'un journal d'informations plein d'images de guerre, de famine et de règlements de compte entre gangsters nous laisse à la fin plus apaisés et plus confiants en nous-mêmes ?

On comprend que la discussion soit vive et durable.

— Tout dépend souvent, lui dis-je, de nos convictions personnelles. Si nous sommes plutôt optimistes, ouverts et favorables au mouvement, nous penchons pour l'indulgence, nous nous rassurons, nous disons . mieux vaut que la violence soit en dehors de nous, qu'elle devienne spectacle et qu'ainsi les images nous libèrent de nos propres horreurs. Si nous sommes plutôt conservateurs, fermés et attirés par la stabilité des institutions et des sentiments, nous nous révoltons, nous disons : tout ceci n'est que commerce honteux, qui joue avec notre trouble et réveille en nous ce qui doit dormir.

— De là, sans doute, des tentatives de censure ?

— Elles n'ont pas manqué, dans l'histoire du cinéma. À la fin des années vingt, toute l'industrie hollywoodienne obéissait à un code strict, qui énonçait très précisément ce qu'il était possible de dire et de montrer. Mais ce code a craqué très vite.

— Il est de toute manière difficile d'imposer une censure dans une démocratie.

— Cette censure, nous la voyons encore à l'œuvre en Inde. Une vraie violence est autorisée dans les films indiens, et même un érotisme flagrant. Les femmes peuvent s'y montrer très provocantes et les crimes s'y accumulent comme partout ailleurs. Cependant, jusqu'à une date récente, hommes et femmes ne s'embrassaient pas sur la bouche. On se tue, on ne s'embrasse pas.

Il me dit alors en riant :

— Et pourtant il est plus agréable de s'embrasser que de se tuer !

Depuis l'origine du bouddhisme, la théorie de la non-violence ne se présente pas sans quelques restrictions. Et l'exemple fut donné par le Bouddha Çâkyamuni lui-même. Embarqué un jour sur un bateau qui traversait un fleuve, et voyant qu'un bandit menaçait la vie des autres passagers, il choisit de sacrifier la vie du bandit. Cet exemple, venu de très haut, est souvent cité. Il est aussi à manipuler avec précaution, car nous savons tous qu'il est facile de traiter quelqu'un de bandit, trouvant ainsi prétexte à le supprimer.

De la même manière, lors de la grande guerre du *Mahâbhârata*, où la vie universelle est en jeu, il arrive que les tromperies et même les mensonges de Krishna (incarnation terrestre du dieu Vishnu) scandalisent jusqu'à ses propres amis. Je me rappelle souvent, lors des premières représentations de la pièce en 1985, la désolation de Maurice Bénichou, l'acteur français qui jouait précisément Krishna. Il sentait l'hostilité du public et sortait de scène très abattu en disant : « Je suis un dieu, je viens pour sauver le monde, et ils me détestent ! » Il fallut écrire plusieurs scènes nouvelles, et en modifier d'autres, pour faire sentir que son combat ne se limitait pas à la victoire des bons sur les méchants mais qu'il était beaucoup plus large, qu'il se déroulait dans un territoire, dans une dimension, où les sentiments et moralités humaines peuvent être parfois bousculés.

Ainsi, à un certain moment, devant les incompréhensions qui l'entourent, Krishna est amené à dire, mais à voix basse, le plus secrètement possible, que pour défendre le *dharma* il faut quelquefois oublier le *dharma*. Phrase aux mille périls, que tout dictateur pourrait reprendre à son compte, parlant ainsi (comme ils le font toujours) d'état d'urgence, de patrie en danger, bref d'une situation si critique qu'elle impose la mise en suspens de toute forme de légalité. Pour un moment, bien sûr. Mais ces moments durent souvent toute une vie.

Alors, que faire ? Comment traiter cette violence que nous sentons en nous et que nous voyons autour de nous ?

— Peut-être, dis-je au Dalaï-Lama, s'agit-il là encore d'une vue inexpliquée ? D'une autre question sans réponse ?

— La vraie discipline, me répond-il, ne s'impose pas. Elle ne peut venir que de l'intérieur de nous-mêmes. Et d'abord, dans ce cas, de ceux qui font les films et de ceux qui les donnent à voir. Les premiers, ils doivent prendre conscience de leurs responsabilités, qui sont plus sévères que jamais.

— En raison même de la diffusion mondiale des films.

— Et il faut qu'ils agissent dans un intérêt plus large. C'est indispensable. Peut-être aussi devrait-on développer les relations entre ceux qui font les films et ceux qui les regardent.

— Oui, car tout va toujours dans un sens unique, avec une seule règle, malheureusement commerciale : faire ce qui plaît au plus grand nombre. Cela vaut à l'intérieur du pays, mais aussi d'un pays à l'autre. En matière de cinéma et de télévision, par exemple, les États-Unis distribuent beaucoup au reste du monde, et n'en reçoivent presque rien.

Nous revenons un moment sur la conversation d'un autre jour. Je lui parle des combats que nous avons menés, et que nous menons toujours, pour que l'Europe conserve, même s'il faut la protéger par des règlements, sa capacité à se raconter ses propres histoires, avec les moyens d'aujourd'hui.

— Sous prétexte, me dit-il, d'une simple rivalité commerciale soumise aux lois du marché (mais quelles lois ? édictées par qui ? et au nom de quoi ?) je ne doute pas qu'il s'agisse d'une colonisation d'un nouveau type. J'ai constaté un phénomène du même type avec l'occupation chinoise au Tibet. Le prétexte n'était pas commercial, mais politique, et même culturel. Ils proclamaient qu'ils nous apportaient la révolution, les temps nouveaux et lumineux. En réalité, cette propagande ne dissimulait qu'un appétit d'hégémonie.

— Quand certains diffuseurs américains parlent d'une sorte de monopole de l'image, qu'ils envisagent sérieusement d'établir sur le reste du monde (en Inde, ils vont bientôt distribuer leurs films en versions doublées, pour battre le cinéma indien sur son propre terrain), il faut y voir l'intention seconde de faire pénétrer avec les films leurs autres produits, voitures, vêtements, boissons, musiques, tout ce qui constitue l'*american way of life*, et aussi sans doute, plus secrètement, des modes de comportement, de pensée.

— Je connais bien cette méthode, me dit-il, et je la redoute tout autant que vous. Les véhicules qu'elle emprunte sont séduisants, souvent insoupçonnables.

Qui peut déceler exactement ce qui se dissimule dans un film ?

— Il me semble, lui dis-je, que l'image dont on nous parle tant n'est pas un phénomène superficiel. Toute image, même fugitive et maladroite, est le reflet d'une réalité profonde, qui sans elle n'apparaîtrait pas. Dans le siècle qui vient, les peuples qui n'auront pas su se donner les moyens de fabriquer leur propre image seront menacés de disparition.

— Je suis entièrement de cet avis, me dit-il avec fermeté.

— Mais une chose est de le dire, une autre de le faire.

Nous fermons la parenthèse et revenons à la violence, telle qu'on la voit dans les films.

— Dans les films indiens, me dit-il, nous assistons la plupart du temps au développement d'une histoire d'amour, qui est violemment contrariée, mais à la fin les cœurs honnêtes sont généralement réunis et récompensés, tandis que les méchants sont punis.

— C'est vrai. Dans l'histoire du cinéma, on a rarement osé présenter un criminel parfaitement heureux jusqu'au mot « fin ». Nous sommes, de ce point de vue, soumis à une sorte d'autocensure tacite, même s'il existe mille manières de la tourner. Le vrai criminel, dans les films, est presque toujours démasqué et puni. En revanche, longue est la liste des innocents spoliés et assassinés.

— Néanmoins, pour les âmes simples, il existe sans doute un bon usage de la télévision. Je vois un homme qui commet un crime, cet homme est arrêté par la police, il passe en jugement, il est puni de prison. Souvent même il est abattu par les policiers. De toute manière, il paie pour ce qu'il a fait.

— C'est un schéma très simple, qui en effet peut fonctionner dans certains cas. Mais d'autres disent que le simple récit d'un cambriolage, d'une prise d'otages ou d'un attentat politique, peut éveiller des vocations.

— C'est pourquoi, me dit-il, la vraie discipline ne peut venir que de l'intérieur. Si je vois un criminel puni par la police, cela peut en effet me dissuader. Mais je peux me dire aussi que si je suis assez habile ou assez chanceux, je peux échapper à la police.

— Tandis qu'on n'échappe pas au *karma.*

— Exactement. Quoi que nous fassions, dans cette vie ou dans une autre, le poids du *karma* nous rattrapera. Que cette conviction nous habite, et les dangers de la télévision nous apparaîtront plus légers.

Je suis venu de Delhi avec une voiture et un chauffeur, un homme de quarante-trois ans, un sikh à la barbe très noire, un peu rond, très cordial. Un soir il m'invite à dîner avec un chauffeur de bus. Il a cuisiné lui-même un poulet au curry, plutôt bon, et nous mangeons dans la cabine du bus, sur le moteur. Ils se sont procuré une bouteille d'un redoutable rhum indien, et nous buvons à la régalade.

Il me parle un peu de sa vie : son père a perdu les deux jambes au cours de la guerre Inde-Pakistan. Lui-même, né à Delhi, s'y est marié, a eu des enfants, a ouvert un restaurant. Alors Indira Gandhi a été assassinée par un de ses gardes, un sikh. Une partie de la population de Delhi, par vengeance, s'est attaquée aux sikhs. Il a perdu son restaurant, son appartement, un de ses enfants. Il a vécu sur les trottoirs, il a recherché du travail, par chance il est devenu chauffeur, attaché à une agence. Il travaille dur. Il espère un jour avoir assez d'argent pour ouvrir un autre restaurant.

Comme je n'ai pas besoin de lui à Dharamsala, je le laisse aller voir une partie de sa famille à Amritsar. Toute une nuit d'autobus. Il revient quatre jours plus tard, très content. Il m'apporte des confiseries.

Un homme comme des millions d'autres, aux prises avec les duretés de la vie, attaché à ses traditions et à ses croyances, fier du Pendjab, *the richest state in India* ! Il n'est pas bouddhiste. Né dans une religion, il y reste fidèle. Par ailleurs, il respecte « Sa Sainteté », *a very good man*. Il me fait remarquer que les Tibétains exilés en Inde sont plus riches que les Indiens, plus secourus, mais il le dit sans méchanceté. C'est comme ça. Tant mieux pour eux.

Il me montre une photo de sa femme et de ses enfants. C'est un homme souvent souriant, un chauffeur très sûr. Il répugne à demander son chemin, ce qui l'amène parfois à s'égarer. Rien de grave. Il fait demi-tour et essaie une autre route. Il nous arrête, au retour, dans un grand restaurant de routiers, *the best restaurant in North India* ! C'est sévèrement épicé.

Comment cet homme pourrait-il oublier la violence qu'il a vécue ? À supposer qu'il le décide, combien de temps lui faudrait-il pour accepter la non-violence, pour être touché par le bouddhisme ? Dans sa vie happée par la nécessité, où trouverait-il le temps de méditer, d'écouter, de lire ?

Je me le demande, dans la voiture, en regardant ses mains qui serrent le lourd volant et son turban bleu clair soigneusement fixé tout autour de sa tête.

7

Big Bang et réincarnation

— Êtes-vous le dernier dalaï-lama ?

— C'est très possible.

— Pour quelles raisons ?

— Des raisons de deux sortes. Politiques, d'abord. Les Chinois, depuis trente-cinq ans, répètent que je n'ai qu'un désir, restaurer le vieux royaume de jadis, récupérer mes serviteurs, mes privilèges et les mille chambres du Potala.

— Que répondez-vous ?

— Que l'institution du dalaï-lama n'est pas de ma compétence. Elle est l'affaire des Tibétains eux-mêmes. Je l'ai dit plusieurs fois clairement. Si le Tibet retrouve un jour son indépendance, ou en tout cas son autonomie — ce que je souhaite de tout mon cœur — cela ne pourra se passer que d'une manière démocratique. Les Tibétains voudront-ils que se perpétue l'institution du dalaï-lama ? Ils le diront. Si une majorité d'entre eux se prononcent contre, je me retirerai automatiquement. Dans ce cas, en effet, je serai le dernier dalaï-lama.

— Vous avez dit quelque part que, dans ces conditions, vous finiriez vos jours dans un couvent, marchant à l'aide de votre canne.

— Cette idée ne me déplaît pas.

— Et les autres raisons ?

— Elles sont historiques. Beaucoup de gens croient que le dalaï-lama est inséparable du peuple tibétain. C'est faux. Jusqu'au XVIe siècle, le Tibet a bel et bien vécu sans dalaï-lama. Il peut en être de même demain. Je le répète : le prochain gouvernement du Tibet doit être élu démocratiquement. C'est indispensable.

— Un autre dalaï-lama pourrait-il naître en dehors du Tibet ?

— Pourquoi pas ? Un autre était déjà natif de Mongolie.

— Quelles sont vos relations avec la Mongolie d'aujourd'hui ?

— Très vivantes, et très anciennes. La Mongolie est un pays très marqué par le bouddhisme, comme le Tibet. Je l'ai visité en 1979, ainsi que d'autres républiques de l'URSS. La Mongolie était encore communiste. L'attitude des gens à mon égard m'a paru aussi spontanée, aussi chaleureuse, que celle des Tibétains. Je les ai sentis très proches de moi, et cela m'a beaucoup touché. J'y retournerai cette année.

— Le bouddhisme y est encore vivant ?

— Oui, il me semble. Nous entretenons à ce propos des relations très étroites. Des étudiants mongols, originaires de diverses parties du pays, viennent ici, en Inde, dans nos différents centres. Ils travaillent sous la direction de maîtres tibétains. Et certains d'entre nous vont en Mongolie.

— Et vos relations avec le Népal ? Le Bhoutan ?

— Tant qu'il ne s'agit que des gens, nos relations sont excellentes. Au niveau gouvernemental, c'est différent. Depuis que le Tibet a été annexé, ces deux pays ont une frontière commune avec la Chine. Et ça change tout.

Que les femmes soient nées pour faire le malheur des hommes est une idée généralement répandue dans le monde entier. Cela paraît aller de soi. Le Bouddha, malgré ses immenses qualités de lucidité, n'a pas toujours échappé à la règle. Comme d'autres, il a qualifié les femmes de créatures pour la plupart « folles et méchantes », féroces « comme le brigand » et bien entendu menteuses par nature. Il a longuement exhorté ses premiers disciples, ceux en tout cas qui voulaient devenir moines, à se défier des femmes, à se passer d'elles. Pendant des mois, il a même refusé d'ouvrir sa porte à la seconde épouse de son père, sa tante, qui l'avait élevé avec tendresse. Vêtue de haillons, elle implorait chaque jour une parole ou un regard. Il ne lui répondait pas.

Des années passèrent avant qu'il acceptât la fondation des communautés féminines. Quant à savoir si la femme pouvait comme l'homme parvenir à l'illumination, il fallut de très longs débats avec ses disciples pour que Çâkyamuni consentît à l'admettre, pour le regretter peu après. À n'en pas douter, du point de vue de la vie spirituelle, la femme était tenue pour inférieure.

Cette exclusion est curieusement universelle. Au XVIe siècle, un concile divisera l'Église catholique à propos de la qualité de l'âme féminine. L'existence même de cette âme ne sera admise qu'à quelques voix de majorité. Cette année encore, en 1994, l'ordination de quelques femmes prêtres par les autorités de l'Église anglicane a fait crier à l'imposture quelques bonnes âmes choquées, et le pape a réaffirmé que dans l'Église catholique seuls les hommes peuvent être prêtres. La soutane ne protège pas toujours du machisme.

Pendant longtemps, surtout dans les pays du sud de l'Asie, la femme a dû observer des règles précises dans ses rapports avec les moines mendiants : ne pas toucher les aliments en remplissant le bol à aumônes, ne pas marcher sur la natte où un moine se trouvait assis, ne jamais parler la première, ne jamais se dénuder devant lui ni s'asseoir dans une posture qui pourrait éveiller un désir. Dans certains cas, il fut même interdit aux moines de prendre pour monture une jument ou une ânesse. En présence d'une femme, les bonzes cambodgiens se cachaient le visage derrière un éventail : pour ne pas voir ou ne pas être vus ?

Ces interdictions furent assez vite assouplies en Chine, au Japon et plus encore au Tibet (sous l'influence, sans doute, du tantrisme). On raconte au Japon comme une histoire zen que deux moines sont en voyage. Ils ont l'un et l'autre fait le vœu solennel de ne jamais toucher à la chair d'une femme. Ils arrivent devant une rivière en crue. Une femme alarmée survient et leur demande de l'aider à traverser le cours d'eau tumultueux. Là-bas, sur l'autre rive, vit sa mère, très gravement malade.

Sans hésiter, l'un des deux moines saisit la femme et l'aide à traverser. Parvenue de l'autre côté, la femme les remercie et s'éloigne à la hâte. Les deux moines continuent leur route côte à côte, en silence. Après une demi-heure de marche, le second moine, qui n'a pas décoléré, dit soudain au premier : « Mais comment as-tu pu briser ton vœu ? Comment as-tu osé toucher le corps de cette femme ? » L'autre le regarde et lui dit : « Tiens, tu penses encore à elle ? »

Aujourd'hui, si la règle du célibat reste stricte aussi bien pour les moines que pour les nonnes (*bhiksus* et *bhiksunis*), en revanche on les voit déambuler en toute liberté dans les rues de McLeod Ganj, entrer dans les boutiques, bavarder avec les passants, les passantes. Il n'est pas rare, dans les restaurants, de voir un moine déjeuner en tête à tête avec une femme étrangère, qui est généralement son élève.

Est-ce encore le signe d'un *karma* négatif que de renaître dans le corps d'une femme ?

— Dans le passé, me dit-il, sans aucun doute la femme a été dédaignée. Comme d'autres pays, le Tibet a établi une nette prédominance de l'homme. Ensuite, peu à peu les choses ont changé. Aujourd'hui, si nous nous comparons à l'Inde ou à la Chine, la condition de la femme est certainement meilleure au Tibet. Mais il reste à faire.

Cela posé, il me rappelle que dans le bouddhisme, et surtout dans la tradition Mahâyanâ, les deux sexes sont théoriquement égaux. *Bhiksus* et *bhiksunis*, après l'ordination, ont en principe les mêmes droits et les mêmes devoirs. Il est dit que le bouddhisme, appelé tout simplement « la religion », fut fortement propagé au Tibet par les deux épouses (l'une népalaise et l'autre chinoise) du roi S'rong T'san Gampo. À leur mort, il se produisit un phénomène extraordinaire : Avalokiteshvara, le *bodhisattva* de la compassion, venait de décider de sauver le monde de la souffrance, du cycle du *samsâra*. Il y réussit, par un effort extrême, en fermant les yeux. Quand il fut obligé de les rouvrir, il vit que la souffrance était toujours là, que le *samsâra* remplissait de nouveau le monde.

Alors, une larme de tristesse et de découragement coula le long de sa joue. Cette larme éclaboussa les deux reines, révélant ainsi leur destin de consolatrices et de protectrices. On les appelle Târâ verte et Târâ blanche. Souvent, elles se confondent en une seule déité, nommée Târâ, vénérée dans tous les aspects de la vie quotidienne. On l'appelle « la mère de tous les bouddhas », elle apaise et elle rassure. De très beaux textes de la poésie tibétaine lui sont consacrés.

Le panthéon bouddhiste tibétain est trop complexe pour que nous prétendions le visiter en détail. Il varie d'ailleurs selon les écoles. On voit s'y superposer plusieurs hiérarchies de bouddhas, qui se subdivisent au point que Maurice Percheron a pu parler d'une « poussière de bouddhas[1] ». Cinq entités, qu'on appelle « les victorieux » (*jinas*) ou les bouddhas de méditation, et qui correspondent aux cinq organes des sens, aux cinq couleurs, aux cinq vertus, dominent cet édifice. Ils régissent l'espace et le temps. Chacun reçoit sa propre invocation, ses propres attributs. Chacun possède aussi une sorte de « fils », un reflet spirituel, qui est à proprement parler un *bodhisattva*. Ainsi Avalokiteshvara, « celui qui regarde en bas », c'est-à-dire le compatissant (dont le Dalaï-Lama est la réincarnation) a été engendré par le jina Amitâbha, la « lumière infinie », le Seigneur de l'Ouest.

Dans cette construction singulière, raffinée, et qui reste difficilement accessible à nos esprits formés à d'autres concepts, la force féminine qui s'appelle Arya Târâ occupe un des rangs les plus élevés.

Le Dalaï-Lama me fait remarquer qu'elle n'est pas là par hasard :

1. *Le Bouddha et le bouddhisme*, Le Seuil, *op. cit.*

— Son histoire est exactement celle de l'attitude féminine. Lorsqu'elle eut atteint le premier degré de l'éveil, et qu'elle put prétendre à un degré supérieur d'existence, voyant la suprématie numérique des puissances mâles, elle s'écria : je veux atteindre la bouddhéité, mais sous la forme d'une femme ! Elle désirait en quelque sorte démontrer qu'elle pouvait prétendre au même niveau qu'Avalokiteshvara. Et elle y réussit.

Il ajoute que les *bhiksus* et les *bhiksunis* observent théoriquement les mêmes règles.

— Et pourtant, dit-il, une discrimination subsiste. Il est difficile d'en préciser les raisons et les limites, mais les *bhiksunis* ne sont pas considérées avec la même bienveillance et le même respect que les *bhiksus*.

— Pourquoi ?

— Je ne le vois pas clairement. Conscient de cette discrimination, j'ai convoqué l'année dernière une conférence à ce sujet. Elle a duré quatre jours. Des professeurs sont venus du monde entier, de l'Ouest comme du Japon. Nous avons invité des professeurs de zen. Tous ensemble, nous avons évoqué un très grand nombre de problèmes, concernant précisément la condition des femmes, la vie sexuelle, les scandales financiers qu'on voit éclater périodiquement dans le monde entier. Une *bhiksuni* a pris la parole pour évoquer l'inégalité qui pèse sur les nonnes. Une autre, une femme âgée, originaire de Grèce, je crois, ou de France, raconta sa propre histoire, très simplement. Et cette histoire me toucha si vivement que je me mis à pleurer. Oui, sans aucun doute, la situation peut être améliorée.

Nous évoquons un moment, mais sans nous attarder, la situation de la femme en Occident. Si les combats féministes des années soixante et soixante-dix ont fait apparaître quelques résultats, au moins de droit, il reste qu'en fait nous connaissons toujours une autre forme de discrimination. Elle concerne par exemple les salaires, la place dans la vie politique (si en France nous comptons les députés femmes, leur nombre va plutôt se rétrécissant), la gestion des pouvoirs de communication, sans parler des troubles et traumatismes de la vie quotidienne, des viols, du harcèlement sexuel. Après les espoirs de « libération » et d'« égalité » des décennies précédentes, une sorte de désillusion semble s'être abattue sur toute une génération de femmes, aujourd'hui quadragénaires, souvent divorcées, sans travail, livrées à la solitude dans une société craintivement paralysée par plusieurs étages de crise.

Le Dalaï-Lama a recueilli des échos de ces espérances déçues. Ici, en Asie, les « conditions » sont évidemment différentes. Quelque chose doit être fait.

— Et d'abord, me dit-il, dans l'enseignement. Nous devons reconnaître que les femmes possèdent les mêmes qualités éducatrices que les hommes. L'exemple peut nous être donné par une femme exceptionnelle qui vécut au XIVe siècle et qui s'appelait Samding Dorjee Phagmo. Elle fut reconnue comme un lama femme et acquit ainsi le pouvoir de se réincarner, selon nos traditions. En conséquence, elle fut à l'origine d'une lignée de lamas femmes qui se sont succédé jusqu'à nos jours.

— Il existe d'autres lignées féminines ?

— Oui, quatre ou cinq. Nous devons au départ réfléchir sur ce que nous ont apporté ces successions de lamas femmes, voir ce que leur enseignement a pu présenter de particulier, de précieux. Nous devons aussi réfléchir sur la polyandrie, connue depuis longtemps au Tibet.

Je ne peux m'empêcher de rappeler aussitôt le souvenir de Draupadî, la femme forte du *Mahâbhârata*, qui eut cinq époux, les cinq frères Pândava, et réussit à tous les satisfaire (à tour de rôle) et à leur donner des enfants. Le Dalaï-Lama évoque un instant la polygamie, qui ne lui plaît guère. Il y voit plusieurs femmes mises à la disposition d'un seul homme, souvent traitées et rejetées comme des objets ou des animaux domestiqués. Il ne se sent nullement attiré par les achats de femmes, qui se pratiquent encore ici ou là, et connaît les horreurs qu'entraîne souvent le système indien de la dot.

Il me demande si la polyandrie — plusieurs hommes pour une seule femme — est connue en Europe.

— Cela existe, lui dis-je, mais la plupart du temps les hommes ne le savent pas.

— Naturellement ! Mais ça, ça existe partout !

Il part d'un grand éclat de rire, puis il revient au Tibet :

— Une autre coutume existe chez nous depuis longtemps. Il arrivait que l'homme vînt s'installer dans la famille de la femme (alors que généralement c'est le contraire), et qu'alors le nom de la famille restât celui de la femme.

— Ce nom était transmis aux enfants ?

— Oui. Le nom de la mère. Bien sûr, l'invasion chinoise et l'exil ont bouleversé ces coutumes, que je trouve sages. Mais sans doute faudrait-il retrouver cette tradition.

Les guerres ont un effet rapide sur les mœurs. J'évoque les massacres européens que provoqua la guerre de 1914-1918. Un million et demi d'hommes morts, pour la seule France, ce qui plaça beaucoup de femmes devant des responsabilités nouvelles. Par la force des choses, elles devinrent chefs d'entreprise, elles durent prendre en charge les exploitations agricoles et s'en montrèrent parfaitement capables. Le XIXe siècle, où la femme ne semble jouer chez nous qu'un rôle d'ornement nécessaire, de la courtisane adulée à la domestique ou à l'ouvrière asservies, s'achevait sur les champs de bataille. Il devenait impossible aux systèmes occidentaux de persister dans l'exclusion des femmes. Une Deuxième Guerre mondiale le confirma. En 1944, enfin, on accordait aux Françaises le droit de vote.

— Il faut retrouver nos traditions, reprend le Dalaï-Lama, et y introduire les aspects positifs des autres traditions.

— Dans un État du sud de l'Inde, le Kerala, existe une tradition matriarcale. Les femmes sont souvent propriétaires et gardiennes du bien familial, qui se transmet de femme à femme.

— Oui, au Tibet aussi la femme pouvait être l'héritière.

— Est-ce que ces traditions ont changé avec l'exil ?

— Je ne crois pas. Bien sûr, aujourd'hui, les lois chinoises sont imposées au Tibet. Mais la tradition devient une manière de résister. Ici, je vous l'ai dit, nous nous efforçons de les maintenir, car elles sont nos meilleures armes. Pour moi, il ne fait pas de doute que dans l'avenir les droits de la femme seront rigoureusement établis. Nous devons même, à cette occasion, prendre une conscience nouvelle de ce que peut signifier « égalité entre hommes et femmes ».

— Si un contrôle des naissances est indispensable, ce qui paraît le cas, il passe obligatoirement par les femmes. Le droit de donner ou de refuser la vie doit leur revenir.

— Je le crois aussi, me dit-il.

— L'existence d'une « masculinité », j'imagine, ou d'une « féminité », doit sembler impossible au regard de l'impermanence ?

— Comme toute existence qui jouirait d'une qualité stable. Ces notions n'ont aucun sens pour nous. Elles sont simplement attachées aux conditions, aux circonstances (c'est-à-dire à l'environnement culturel, historique), et ces circonstances peuvent changer.

— Une femme pourrait être un des prochains dalaï-lamas ?

— En théorie, rien ne s'y oppose.

Nous retrouvons ici comme ailleurs, comme par exemple dans le territoire scientifique, cette assez remarquable faculté d'*adaptation* que présente aujourd'hui le bouddhisme, et qui explique sans doute en grande partie les nombreuses sympathies qu'il éveille. Ici encore, toute attitude dogmatique semble bannie. L'extrême souplesse et fluidité de la pensée semble épouser le mouvement du monde, ce mouvement qu'elle affirme et auquel elle se soumet. Ce qui reste frappant, c'est que cette adaptation incessante, évidemment accélérée par le siècle lui-même et tous les chocs qui l'ont secoué, n'altère pas les socles anciens du bouddhisme — l'impermanence, l'interdépendance, la compassion, le nécessaire éveil —, et même quelquefois les renforce.

Mais voici que nous en venons à la réincarnation. Ici, dois-je dire à mon hôte, je rencontre un obstacle solide. Depuis le début de nos entretiens, nous avons trouvé un certain nombre de points communs. Voici un point de divergence.

En effet le bouddhisme s'est édifié, et s'est maintenu, sur une idée d'universalité : ce qui est bon pour un homme est bon pour tous les hommes. Or, à nos yeux d'Occidentaux, habitués depuis plus d'un siècle à une approche ethnographique des comportements et mentalités (lesquelles comprennent les religions), la réincarnation apparaît comme une croyance héritée de l'Inde et strictement limitée, aujourd'hui, à une seule partie du monde.

Pythagore, il est vrai, prétendait se rappeler ses vies antérieures. Platon, se faisant comme Empédocle l'écho des mystères orphiques, montre au livre X de *la République* des guerriers morts qui choisissent les corps de leur prochaine vie. En accord avec son personnage, Ajax choisit d'être un lion, comme le bouffon Thersite choisit d'être un singe. Seul Ulysse, le très rusé, choisit la vie d'un homme enfin paisible et ignoré de tous.

Cependant il est difficile de dire que ces croyances, réservées semble-t-il à une élégante élite, soient au cœur de la pensée grecque. De toute manière, comme chez les cabalistes hébreux, elles n'ont pas survécu à la chute du monde ancien et au triomphe occidental du christianisme.

En Inde, elles sont toujours vivantes. Le bouddhisme les a adoptées et développées à son propre usage. Certaines étapes du processus de réincarnation, comme le voyage du *bardo* après ce que nous appelons la mort, sont souvent limitées au seul Tibet bouddhiste. L'idée d'universalité nous semble comme avalée par ce qu'il faut bien appeler un particularisme, un folklore.

— La réincarnation, lui dis-je, n'appartient en aucune manière à nos traditions religieuses, à moins qu'on n'ajoute foi à la résurrection finale promise par les textes anciens du christianisme. Mais, outre que le thème de la résurrection paraît quelque peu mis de côté par les théologiens chrétiens contemporains, cette résurrection des corps n'a rien à voir avec la réincarnation bouddhiste. Celle-ci nous reste étrangère, et très difficile à accepter. Il arrive même qu'elle suscite des moqueries, des haussements d'épaules.

Il m'écoute très attentivement, en hochant la tête.

— La deuxième difficulté, lui dis-je, très liée à la première, tient à cet examen scrupuleux des faits que le bouddhisme a toujours revendiqué comme sa méthode propre. Çâkyamuni l'a dit le premier : « Observez ici cet objet qui est maintenant. » Il ne faut jamais rien accepter, lit-on dans vos Écritures, qui ne soit établi, prouvé et vérifiable par l'expérience. Or, loin d'être vérifiable, la réincarnation nous apparaît précisément comme une de ces « croyances » que le bouddhisme, dans d'autres domaines, invite souvent à rejeter. Nous voyons là une contradiction.

Il hoche encore la tête, me laissant poursuivre :

— Il existe une troisième difficulté, qui tient à la doctrine même du bouddhisme. Celle-ci affirme à chaque occasion, et nous en avons longuement parlé pour dire qu'un accord semblait tout à fait possible sur ce point avec les conclusions (provisoires) de nos scientifiques, que rien n'est stable, ni dans la matière ni dans l'esprit, que tout se dissout et se recompose sans cesse, et qu'en particulier notre « moi », si fièrement arboré en Occident, n'est qu'un souffle de vent, une illusion, une réalité fuyante, rigoureusement introuvable. En conséquence, si rien ne subsiste de notre moi, quel est ce moi qui se réincarne ? Il faut bien que quelque chose de nous, une qualité qui nous est particulière, puisse subsister et se transmettre. J'avoue que ce point reste pour moi une énigme. J'ai lu la plupart de vos livres, je vous ai entendu répondre à cette question, mais très brièvement, et d'une manière qui ne m'a jamais convaincu. Voici peut-être le moment venu de l'aborder

Après un instant de réflexion, je formule ainsi ma question :

— Que représente aujourd'hui, pour vous, la réincarnation ? Est-ce une allégorie ou un fait ? Et quelle force en tirez-vous ?

Il prend un long moment avant de me répondre :

— Les bouddhistes disent que la renaissance est une réalité. C'est un fait. Dans le cycle connu des renaissances, que nous appelons le *samsâra*, se produit de temps en temps le phénomène de réincarnation.

Apprenons donc d'abord à distinguer. Le cycle des renaissances, le *samsâra*, est la condition même de toute vie. Aucune existence n'y échappe, à moins de parvenir au *nirvâna*. Cette condition est douloureuse, car elle nous oblige à revivre sans cesse, à des niveaux qui peuvent être pires que ceux que nous avons connus.

— Si la renaissance est une obligation, me dit-il, la réincarnation est un choix. Elle est le pouvoir, donné à certains individus méritoires, de contrôler leur future naissance.

— Comme ce fut le cas pour le Bouddha ?

— Exactement. Et pour beaucoup d'autres. Lorsqu'il atteint un certain degré de qualité, que nous avons appelé la conscience subtile, notre esprit ne peut pas mourir, au sens ordinaire du mot. Il lui est donné de pouvoir se réincarner dans un autre corps. C'est en particulier le cas pour les *bodhisattvas*, nous l'avons dit. À la porte même du *nirvâna*, ils préfèrent y renoncer pour rester dans le *samsâra*, et continuer à nous venir en aide.

— Mais comment constate-t-on que tel ou tel individu est la réincarnation de tel ou tel autre ?

— C'est en effet un point crucial.

Je dois dire qu'à Dharamsala, et dans d'autres centres bouddhiques, cette certitude est assez largement partagée. On appelle *tulku* l'individu qui porte, à n'en pas douter, les signes d'une réincarnation. Et ils sont nombreux. Dans une boutique de souvenirs, tenue par un Indien, j'ai rencontré un photographe allemand qui prépare un livre sur les *tulkus*. Il a déjà photographié plusieurs dizaines d'entre eux et il m'a montré le questionnaire qu'il leur demande de remplir. Il faut y indiquer son nom, son prénom, sa date de naissance, son adresse, l'école bouddhique à laquelle on appartient. Puis, sur une autre ligne, on voit écrit : « Réincarnation de... ? ».

— D'abord, me dit le Dalaï-Lama, nous rencontrons des gens qui se souviennent avec précision de leurs vies passées.

— Ou qui prétendent s'en souvenir. Le plus curieux est que dans le passé ils n'ont été ni un crapaud, ni un esclave misérable. En général, ils ont déjà vécu dans le corps désirable d'une hétaïre fameuse, ou dans celui d'un grand prêtre égyptien.

— Bien sûr. Il y a partout des menteurs.

— Et d'autre part, les textes indiquent bien qu'il existe six possibilités de conditions de l'homme après sa mort, qu'on appelle les chemins de transmigration.

— Exact.

Ces conditions sont celles de dieu, d'homme, d'*asura* (que traduit imparfaitement le mot « démon »), d'animal, d'être assoiffé, affamé, qu'on appelle en sanscrit un *preta*, d'être infernal enfin, qui erre des enfers glacés aux enfers brûlants, de l'enfer de bronze à l'enfer du fumier à l'enfer des épines.

— Or, lui dis-je, de ces six conditions, la plus difficile à obtenir, c'est précisément la condition humaine. Le seul espoir d'atteindre un jour la bouddhéité est de renaître humain, mais c'est aussi l'espoir le plus rare. À titre de comparaison, nous dit une ancienne légende, si on imagine une tortue vivant au fond des océans, d'où sa tête émerge tous les cent ans, et un anneau flottant à la surface agitée de l'eau, il y a aussi peu de chance pour que la tête de la tortue passe dans l'anneau que pour qu'un être humain se réincarne dans un autre être humain. Comment donc expliquer que tous ceux qui se rappellent leurs vies passées parlent toujours de situations humaines avantageuses, et que les *tulkus* prolifèrent autour de nous ?

— La réincarnation dans une personne humaine est en effet difficile, mais beaucoup moins rare que le dit la légende indienne. Le phénomène existe, nous en sommes certains. Ici même, à Dharamsala, nous connaissons quelques personnes qui ont des souvenirs très clairs de leurs existences passées, et dont les conditions de vie n'avaient alors rien d'extraordinaire. En particulier, nous avons connu des enfants indiens, deux petites filles de trois et quatre ans, qui racontaient en détail des épisodes de vies antérieures. Leurs parents ne pouvaient pas y croire, mais quand nous les avons conduites là où elles semblaient avoir déjà vécu, elles ont reconnu les lieux.

Ces exemples de reconnaissances sont assez fréquemment cités. Le Dalaï-Lama lui-même, à l'âge de trois ans, reconnut certains objets ayant appartenu à son prédécesseur, mort quelques années auparavant. Comme il le raconte dans son livre, il saisit ces objets en disant : « C'est à moi, c'est à moi ! », et chacun fut convaincu qu'il était bien la réincarnation recherchée. D'autres signes avaient conduit les enquêteurs jusqu'à la maison de ses parents. Quand il fut officiellement reconnu, on l'enleva à sa famille pour le conduire dans un couvent. Sa formation de dalaï-lama commençait. Cela se passait en 1938.

Certains journalistes hâtifs présentent encore le Dalaï-Lama comme un dieu vivant. Pour un bouddhiste, cette expression n'a pas de sens. L'institution du dalaï-lama, autorité spirituelle et temporelle, obéit en fait à deux exigences : il doit être la réincarnation assurée de celui qui l'a précédé, et par conséquent de tous les autres, en remontant jusqu'au XIVe siècle. Les Tibétains tiennent beaucoup à cette notion de lignée, d'une énergie spirituelle très haute qui se transmet d'individu à individu et qui, chaque fois, peut se renforcer. L'actuel Dalaï-Lama affirme avoir longuement discuté en rêve avec son prédécesseur, et tenu compte de ses conseils.

D'autre part le Dalaï-Lama, par sa fonction même, est considéré comme une « manifestation » ou une « émanation » d'Avalokiteshvara lui-même, le seigneur du lotus blanc, le grand *bodhisattva* de la compassion. Il serait ainsi le soixante-quatorzième d'une autre lignée, laquelle remonterait à un enfant brahmane qui vivait à l'époque même du Bouddha. Aujourd'hui, les bouddhistes ne semblent plus accepter qu'il existe véritablement dans le ciel un « être », une « personne » qui s'incarnerait dans une forme humaine. Ils voient plutôt cette émanation comme une force particulière qui permet au dalaï-lama de concentrer dans sa personne les pouvoirs de compassion que chacun de nous possède[1].

Quand on lui demande s'il est assuré, aujourd'hui, d'appartenir réellement à ces deux lignées, le Dalaï-Lama avoue un léger embarras. La réponse, dit-il, n'est pas simple. Il admet cependant que, prenant appui sur son éducation et sur sa pratique du bouddhisme, il

1. Voir à ce sujet la brochure *Visite du Dalaï-Lama en France*, publiée en octobre 1993 par le Bureau du Tibet, à Paris.

se sent « spirituellement lié » aux treize précédents dalaï-lamas, à Avalokiteshvara et au Bouddha Çâkyamuni lui-même.

— On peut aussi, me dit-il encore, considérer la réincarnation d'un autre point de vue, en réfléchissant à l'évolution de notre planète, et même de notre univers. Aujourd'hui nous sommes ici, nous voyons le monde autour de nous, nous savons qu'il s'étend jusqu'à des distances inimaginables, mais nous savons aussi, en tout cas les scientifiques nous le disent, que ce monde n'a pas toujours été là.

— On l'a longtemps cru. L'univers était infini, éternel. Une des grandes découvertes de l'astrophysique au XXe siècle fut de donner un âge et une histoire à l'univers.

— Vous voulez parler du Big Bang ?

— Oui, de ce qu'on appelle Big Bang sans très bien savoir ce que c'est.

— Mais comment, pourquoi le Big Bang s'est-il produit ? Cela, personne ne peut le dire. Or, le bouddhisme a une constance : tout événement doit avoir une cause. Aussi loin que l'univers s'étende dans l'espace, il est soumis à l'impermanence et au *samsâra.* Aussi haut qu'il remonte dans le temps, il faut une cause aux événements.

— À supposer que le Big Bang soit un événement. Tout ce que nous voyons, à un instant donné, c'est un état extrêmement dense de ce qui va devenir la matière qui compose les étoiles et qui nous compose. Mais nous ne pouvons pas parler d'une « explosion », comme le mot « Bang » semble l'indiquer.

— Et au-delà de cet état de la matière ?

— Nous ne voyons rien. C'est ce que disent les astrophysiciens. Le Big Bang est le point premier de notre lecture possible de l'histoire de l'univers. Ce n'est pas nécessairement le début de l'univers, c'est le début de notre discours sur le monde. Ce qu'il y avait avant le Big Bang, à supposer qu'il y eût quelque chose, nous ne pouvons pas en parler. Nous ne pouvons qu'y rêver, que l'imaginer. Mais comment imaginer ce qu'il y avait avant qu'il y eût quelque chose ?

— De toute manière, les bouddhistes disent que le siècle où nous vivons est la conséquence des siècles qui l'ont précédé, et ainsi de suite jusqu'à l'origine des temps, il y a vingt ou vingt-cinq milliards d'années.

— Disons plutôt quinze milliards.

— Vraiment ? Il y a quelques années, en Suisse, j'ai rencontré un scientifique, qui devait recevoir plus tard le prix Nobel. Il parlait de vingt milliards d'années. J'ai aussi rencontré un Américain, un physicien très connu — j'oublie son nom, j'ai une mauvaise mémoire des noms — qui parlait, lui, de vingt-cinq milliards.

— Des chiffres énormes ont été en effet avancés, ici et là. Ensuite, ils ont quelque peu diminué. Disons qu'en ce moment la mode est à quinze milliards. Et même, depuis peu, à dix ou douze.

— Peut-on encore parler de précision scientifique ? demande-t-il en riant.

Puis il reprend :

— Pourquoi donc le Big Bang ? Quelle en a été la cause ?

— Les chrétiens ont une réponse.

— Je la connais. Pour ma part, il y a deux réponses que je ne peux pas accepter. La première consiste à dire : il n'y a aucune cause. Les choses sont arrivées comme ça, d'elles-mêmes. De notre point de vue, c'est irrecevable. La deuxième réponse est la solution divine. Un beau jour, Dieu a décidé de créer le monde. Nous ne l'acceptons pas davantage.

— Pourquoi ?

— Parce que cette réponse soulève un trop grand nombre de questions.

— Par exemple ?

— Pourquoi le Créateur a-t-il créé ? Qui a créé le Créateur ? S'est-il créé lui-même ? Ce Créateur a-t-il eu un commencement ? Aura-t-il une fin ? S'agit-il d'une création permanente ? Et ainsi de suite.

— Si le Créateur est lui-même permanent, la création est permanente.

— Ce qui nous conduit à d'autres questions, du type : le Créateur est-il un être de totale compassion ? De pouvoir total ? De connaissance totale ?

— Pourquoi, s'il est tout-puissant, a-t-il créé ce monde si évidemment imparfait ? Pourquoi a-t-il créé ce monde-là plutôt qu'un autre ? Et pourquoi a-t-il mis aussi longtemps à le créer ?

Les astrophysiciens admettent en effet aujourd'hui que la matière que nous connaissons se constitua dans ce qu'ils appellent la « soupe originelle », au cours d'une période d'un million d'années, et que les formes prises par cette matière — y compris ce que nous appelons la vie — se succédèrent ensuite lentement dans le temps.

Je rappelle aussi au Dalaï-Lama la certitude qu'ont aujourd'hui les scientifiques de la présence dans l'univers d'une autre matière, qu'ils appellent généralement la « matière sombre », ou la « matière manquante », et qui nous reste impénétrable. Elle ne semble pas constituée de particules et d'atomes, comme la nôtre, elle n'est pas nucléaire — d'où notre impossibilité à entrer en contact avec elle et à l'étudier.

Cependant elle existe. Cela nous est attesté par l'attirance qu'elle exerce sur les corps célestes. Elle est même probablement « majoritaire » dans l'univers. Certains spécialistes vont jusqu'à soutenir qu'elle serait de huit à dix fois plus importante que toute la matière nucléaire connue. Et comme elle nous échappe, elle nous fascine.

Là aussi, si nous restons à l'intérieur d'un système voulu par un dieu créateur, nous affrontons une autre « vue inexpliquée » : pourquoi avoir créé cette matière impénétrable, pourquoi en fait avoir créé deux mondes, inconnaissables l'un par l'autre ?

— En fait, me dit-il, de notre point de vue, la théorie du créateur pose beaucoup plus de problèmes qu'elle n'en résout.

— Quelle est alors l'explication bouddhiste ?

Je sais, pour l'avoir lu dans plusieurs livres, que la question de l'origine du monde ne se pose pas en ces termes dans les textes anciens. Comme nous l'avons dit, l'univers bouddhiste se compose d'une infinité de mondes, sortes de disques enfilés sur un axe, et cet axe est le mythique mont Meru. Autour de cet axe sont localisés sept chaînes de montagnes, autant d'océans, quatre grands continents situés aux quatre points cardinaux. Chaque univers possède neuf planètes, vingt-sept ou vingt-huit « repères célestes » et de multiples étoiles.

Cet aspect cyclique et répétitif de l'espace se retrouve dans la conception ancienne du temps, laquelle prend son origine dans le brahmanisme. Les cycles temporels, *yugas* et *kalpas*, se répètent éternellement. Ils sont divisés en un certain nombre de périodes d'inégale durée, qui peuvent dépasser le million d'années et dont quelques-unes sont dites « incalculables ». Certaines de ces périodes sont de destruction, d'autres de recomposition, d'autres de stabilité.

Au cours des périodes de recomposition, qu'on appelle aussi « périodes vides », des particules d'espace subsistent. Elles serviront à recomposer la matière. L'ensemble de ces mouvements du temps est contenu dans un « grand cycle », un *mahâkalpa*, qui dépasse la connaissance et toute mesure.

À ces longues descriptions spéculatives, élaborées par des écoles successives qui d'ailleurs sont assez souvent en contradiction, s'oppose la primordiale recommandation de Çâkyamuni de ne pas plonger « la corde de la pensée dans l'impénétrable ». La question de l'éternité de l'univers — et par conséquent de son origine — semble bien avoir fait partie des « quatorze vues inexpliquées ». Il a même dit : « La connaissance de toutes ces choses ne peut faire faire aucun pas nouveau sur le chemin de la sainteté et de la paix. » Seule réponse : le silence.

Cependant, comme me l'a dit à plusieurs reprises le Dalaï-Lama, d'une part il est inadmissible d'admettre des événements sans cause, et d'autre part il faut obligatoirement tenir compte des avancées de la science pour modifier, si besoin est, les Écritures. Aussi ne faut-il pas s'étonner de son peu d'insistance à revenir aux théories anciennes. Il préfère s'en tenir au Big Bang et essayer d'y trouver une explication qui puisse s'accorder avec l'essentiel de la doctrine bouddhiste.

À propos du Big Bang, je lui rappelle que cette expression ironique (due à l'astrophysicien Fred Hoyle, qui lui était opposé) recouvre une idée qui fut formulée d'abord par un prêtre belge, le père Lemaître. Jusque dans les théories scientifiques il est ainsi possible de trouver trace, assez souvent, d'une « métaphysique cachée ». L'idée d'une « explosion », d'un commencement brutal et lumineux du monde, peut en effet s'accorder, *mutatis mutandis*, avec le récit biblique de la création.

Le Dalaï-Lama me raconte à présent, à sa manière, ce qui a précédé le Big Bang :

— Certains êtres (*beings*) ont dû se réjouir, à un moment donné, de l'existence de cet univers. Et c'est pourquoi cet univers est là.

— Qui sont, ou qui étaient ces êtres ?

— Il ne s'agit pas d'êtres humains.

— Des extraterrestres ?

— Non, pas au sens que vous donnez à ce mot. Il s'agit d'êtres qui jouissent d'un esprit et de sentiments. Quand nous parlons d'« esprit », nous savons qu'il existe différentes catégories, différents niveaux d'esprit. Certains de ces niveaux sont grossiers. L'esprit est alors directement lié à un corps, et il cesse d'exister avec lui. Dans ce cas, quand les fonctions du corps s'arrêtent, les fonctions de l'esprit s'arrêtent également.

— Mais nous avons vu que l'esprit peut aussi s'élever.

— Jusqu'aux plus hauts niveaux, jusqu'à l'« esprit subtil », ou la « conscience subtile ». La pensée conceptuelle a des limites, que nous connaissons tous. C'est pourquoi la plupart des traditions ont tenté d'emprunter, sur le chemin difficile de la connaissance, ce qu'on peut appeler une « voie directe » : le mysticisme, le yoga, certaines formes de méditation et d'extase jalonnent cette voie directe, dont l'aboutissement est l'éveil.

— Cet état où, selon le bouddhisme, une connaissance impeccable de toutes choses nous est donnée ?

— Oui, jusque dans le moindre détail. Selon la tradition tibétaine, cette approche directe — qui peut nous conduire *par expérience* jusqu'à l'origine du monde — est extrêmement difficile. Elle suppose que notre esprit s'est développé et affiné jusqu'à sa plus haute qualité de subtilité, qui l'arrache aux cycles temporels. Certains de mes amis encore vivants ont connu ces moments-là.

— On se souvient alors d'une vie passée ?

— Non pas d'une vie, mais de centaines, de milliers de vies. Tous les embarras, tous les voiles de la pensée s'évanouissent. L'esprit ne peut pas être né d'autre chose que de l'esprit. Par conséquent l'esprit subtil ne peut pas avoir de début. Quand la conscience subtile apparaît dans son évidence, les questions ne se posent plus de la même manière, l'idée même d'un commencement disparaît.

Dogen Zenji, le grand maître du zen, a raconté à ce sujet l'histoire suivante[1] : Un prêtre (de haute renommée) s'éventait. Un moine s'approcha et lui demanda :

« La nature du vent est permanente, et il n'y a aucun lieu qu'il n'atteigne pas. Alors pourquoi devez-vous tout de même vous éventer ?

— Même si tu comprends que la nature du vent est permanente, répondit le maître, tu ne comprends pas la signification de sa présence partout.

— Quelle est la signification de sa présence partout ? » demanda le moine.

Le maître se contenta de s'éventer.

Le moine s'inclina avec un profond respect.

1. Citée dans *Pour comprendre le bouddhisme*, Robert Laffont, *op. cit.*

Autrement dit, comme l'explique Dogen Zenji : « Ceux qui disent que l'on ne devrait pas utiliser d'éventail parce que le vent est permanent, et que l'on devrait connaître l'existence du vent sans utiliser un éventail, ne connaissent ni la permanence, ni la nature du vent. »

Mystère, profondeur et limite de la connaissance : l'éveil la donne tout entière, mais sans qu'elle puisse véritablement se communiquer, sauf par un geste comme celui de l'éventail. Les maîtres bouddhistes recommandent de ne pas pratiquer le bouddhisme dans l'espoir de recevoir la connaissance comme récompense. Ce serait une erreur de démarche. L'éveil n'est pas forcément donné à qui croit l'avoir mérité. Certains l'atteignent et d'autres non. De toute manière (toujours Dogen Zenji) : « Les limites du connaissable sont inconnaissables. »

Toutes ces références tournent inutilement dans ma tête tandis que j'essaie de « comprendre » — en sachant que c'est chose impossible — ce que me dit mon interlocuteur, qui me parle à la fois de l'esprit subtil, de la réincarnation et de l'origine du monde. Un lien existe entre ces trois notions, mais il me reste assez secret.

Dans un de ses livres[1], le Dalaï-Lama a répondu à la question : qu'est-ce qui renaît ? Sa réponse est le « je », ce à quoi son interlocuteur, justement étonné, rétorque qu'il ne sait pas ce qu'est ce « je ». « Si je renais, dit-il, je ne sais pas que c'est moi. Je ne me souviens plus de ce que j'étais avant. Qui suis-je ? »

Dans sa réponse, le Dalaï-Lama fait remarquer que, même dans cette vie, nous pouvons nous souvenir de

1. *La Méditation au quotidien, op. cit.*

certaines expériences et en oublier d'autres. À plus forte raison quand il s'agit d'autres existences.

— Rien ne permet d'assurer, me dit-il, que nous pourrons nous souvenir un jour de ce que nous avons vécu, de nos actions, de nos émotions, des objets qui nous ont entourés. Le fait que nous ne nous souvenons de rien ne permet en aucune manière d'en conclure que « ce n'était pas moi », que je suis maintenant un être neuf, unique dans l'histoire du monde.

— Pourquoi l'immense majorité des hommes et des femmes ne se souviennent de rien ?

— Parce que, au moment de la mort, le niveau de conscience, c'est-à-dire l'état intermédiaire où elle se trouve entre une vie et une autre vie, ce niveau devient plus subtil. C'est à ce niveau subtil que s'accrochent, pour passer dans une autre vie, les souvenirs de la vie précédente. Mais par faiblesse, par manque d'entraînement, de concentration, la grande majorité des individus restent au niveau de l'esprit conscient, que nous appelons *grossier*.

— Ceux qui ont quelque expérience de la conscience plus profonde ont donc de meilleures chances de se souvenir de leurs vies passées ?

— Oui, sans aucun doute.

— Si je comprends bien, cette conscience subtile existe indépendamment du corps et du cerveau ?

— Oui. Elle est liée à l'apparition de la conscience dans l'être humain, et elle est toujours présente, elle subsiste même quand d'autres niveaux de conscience sont effacés.

— Elle est donc indestructible ?

— En quelque sorte. Et c'est la raison de sa réincarnation. Pour en revenir au Big Bang, disons à l'origine du monde, on peut même penser que cet esprit subtil, d'une force inégalable, est le principe créateur premier.

— Le Bouddha Çâkyamuni, j'imagine, a pénétré cet esprit subtil ?

— Il en était une manifestation. Bien qu'il naquît comme un prince et vécût comme un mendiant, sous les yeux de milliers de personnes, sa vie ainsi manifestée ressemblait un peu à un rôle. Ce rôle, il l'a tenu le temps d'une vie humaine, pour nous venir en aide. Mais son esprit subtil, avant même sa naissance, avait déjà éliminé tous les obstacles à la vision parfaite.

Le moment semble venu de parler des « trois corps ». Cet état subtil de l'esprit (*jnânadharmakâya*), doué d'une connaissance totale et cause première des choses, est en quelque sorte enveloppé d'un corps également subtil, que nous ne pouvons pas percevoir dans notre état actuel de conscience. Le nom de ce corps subtil, qui existe en tant que tel jusqu'à la fin du *samsâra*, est *sambhogakâya*, « corps de joie » ou « de béatitude ». C'est de ce corps de joie que provient le « corps de manifestation » (*nirmânakâya*), qui comme son nom l'indique se manifeste dans différents êtres et sans doute dans différents mondes.

Sans l'existence du « corps subtil », l'esprit subtil, entré dans le *nirvâna*, pourrait courir le risque de ne plus se manifester, de nous oublier dans notre souffrance. Par là même, à l'intérieur du Mahâyâna — dont les spéculations métaphysiques ont très largement dépassé la doctrine de l'Hînayâna — ce corps subtil devient celui du *bodhisattva* intercesseur et compatissant. À son tour, ce *bodhisattva* prend une forme manifestée, concrète, humaine, comme celle de l'homme avec qui je parle depuis quelques jours.

Par moments, tout en essayant de suivre la complexité savante et logique de cette construction de l'esprit par lui-même, me reviennent des phrases, des interrogations de la science d'aujourd'hui. Cette science reconnaît dans l'univers l'existence de quatre forces fondamentales et durables : la force de gravitation, qui régit le mouvement des corps dans l'espace, la force électromagnétique (unifiée depuis le XIXe siècle), et deux forces nucléaires, qui régissent la cohésion de la matière et les mouvements des particules, la force nucléaire forte et la force nucléaire faible.

Si vive est notre attirance vers l'unité, vers l'explication globale, qu'un grand nombre de scientifiques rêvent d'unifier ces quatre forces. Cette force unique, perpétuellement intacte et ne dépendant que d'elle-même, rappelle comme un rêve d'aujourd'hui l'antique intuition bouddhiste de l'esprit subtil, inaltérable, cause première de toutes choses et par conséquent de lui-même.

À cela près que le bouddhisme attache inexorablement à cette force — laquelle, bien entendu, est foncièrement neutre et dépourvue de sentiments — une dimension de compassion naturelle que nous chercherions en vain dans la gravitation, dans l'électricité, ou dans l'énergie nucléaire.

Le Dalaï-Lama me signale d'autres manifestations de l'esprit subtil :

— Par exemple la conservation du corps après la mort clinique. Ainsi, le corps de mon tuteur demeura intact treize jours avant de commencer à se décomposer. Un autre lama, un homme exceptionnel, put conserver son corps sans atteinte pendant dix-sept ans.

— Comment l'expliquez-vous ?

— Par la haute qualité de l'esprit subtil, qui est toujours là, et dont la force est telle qu'elle maintient l'intégrité du corps. On voit même quelquefois sur le visage du défunt — c'était le cas pour mon tuteur — plus de luminosité, de sérénité. Au dernier jour de cette espèce de survie, on voit apparaître un peu de liquide, et la décomposition commence alors. Ce liquide est le signe du départ de l'esprit subtil.

— En quête d'un autre corps ?

— Oui.

— C'est donc l'esprit subtil qui se réincarne ?

— Oui, mais cet esprit, il faut le redire, nous ne l'appelons pas *âtman*. Ce n'est pas l'*âme*, comme vous dites, qui serait éternelle par essence. Nous ne reconnaissons aucune essence particulière, aucune entité indépendante et stable attachée à l'individu. Notre conscience est en perpétuel changement. Rien n'est permanent, rien ne peut se transmettre sans modifications profondes.

— Vous avez dit[1] que la mort, processus normal et inévitable, est pour vous un changement de vêtements vieux et usagés, plutôt qu'une véritable fin.

— C'est exact. Et si nous voulons bien mourir, nous devons apprendre à bien vivre. L'expérience de la mort est pour nous d'une extrême importance, car l'état de notre esprit à ce moment-là peut décider de la qualité de notre future renaissance. Nous pouvons même, au moment de mourir, faire un effort particulier. La méditation peut y atteindre un sommet inégalé, dont l'effet

1. Dans son avant-propos à l'ouvrage de Sogyal Rinpoché, *le Livre tibétain de la vie et de la mort*, Paris, La Table Ronde, 1993.

se manifeste par la conservation du corps. D'ailleurs, l'espoir de tout vrai bouddhiste est de mourir avant son maître, pour être apaisé et guidé par lui au dernier moment.

Il est d'usage, parmi ceux qui croient en une autre vie ou en d'autres formes de vie, de critiquer sévèrement l'attitude matérialiste, majoritaire en Occident, qui croit, selon toute apparence, que la mort est la fin de la vie, en tout cas d'une vie, de notre vie. Cette attitude, superbement décrite par Montaigne dans un chapitre des *Essais*, conduirait à un comportement brutal, égoïste, sans aucun souci du lendemain et de l'avenir de la terre.

Cette critique, qu'on trouve quelquefois sous des plumes bouddhistes, m'a toujours paru superficielle. Outre que rien ne permet de dire que ceux qui ne croient qu'en cette vie ne se préoccupent en aucune manière de la terre qu'ils laisseront à leurs enfants (jusqu'à nouvel ordre la religion chrétienne ne s'est que rarement penchée sur le sort de la planète et même, par son refus de toute limitation des naissances, elle contribue à sa destruction), il est permis de trouver dans les bornes mêmes de la vie humaine, qui va du néant au néant, la raison première de sa dignité et de sa beauté.

D'autre part je me rends bien compte, et nombreux sont ceux qui l'ont remarqué avant moi, que dans la tradition bouddhiste, qui affirme reposer sur l'expérience et la constatation des faits, cette menace d'une renaissance dans des corps inférieurs, voire animaux, voire infernaux, soit bien là comme le bâton du gendarme, pour nous inciter à mieux nous conduire dans la vie qui nous est précisément donnée. Nous savons à quelles difficultés se heurte l'établissement d'une morale civile, de cette morale laïque que le Dalaï-Lama lui-même appelle fréquemment de ses vœux. Peut-être avons-nous encore besoin, tout au moins pour une partie d'entre nous qui ne peuvent accepter l'idée pourtant très simple d'une mort totale et définitive (sous réserve de nos particules élémentaires, qui se recomposeront), besoin de cette crainte d'un châtiment dans quelque enfer, ou d'une récompense à jamais accordée.

Je préfère ne pas lancer cette discussion, dont il me semble que nous pouvons déjà dire les aboutissements. Il me paraît plus intéressant de poursuivre sur le chemin bouddhiste, où la vie et la mort sont conçues comme un tout. La mort — et plus précisément le passage, le *bardo*, qui mène d'une vie à une autre vie — est souvent perçue comme le miroir où la vie se reflète tout entière. Ainsi, la mort s'apprend pendant la vie. Vivre bien, c'est apprendre à bien mourir, pour mieux revivre. Le saint poète Milarepa le disait ainsi : « Cette chose appelée cadavre, et qui nous fait si peur, vit avec nous, ici et maintenant. »

— Nous avons peur de mourir, me dit le Dalaï-Lama, parce que nous ne connaissons ni le jour, ni l'heure. Parce que la mort peut nous surprendre à chaque instant. Parce que nous craignons l'après-mort, nous craignons de nous retrouver dans un endroit désagréable et inconnu, remplis d'angoisse.

— Même les bouddhistes ?

— Bien sûr. N'oubliez pas que l'obligation de renaître n'est pas considérée comme une récompense. Au contraire. J'essaie de vous dire que la réincarnation, qui est un choix, est profondément liée à un certain niveau de la vie de l'esprit. Si ce niveau est atteint, l'esprit subtil que nous avons développé — mais qui n'est qu'une partie du moi — peut choisir sa prochaine destination. Elle est donc un pas vers la libération, une amélioration possible. Sans ce choix, la renaissance est une retombée dans le *samsâra*.

— La réincarnation peut s'opérer ailleurs que sur la terre ?

— Bien sûr. Sur une autre planète, et même dans une autre galaxie. Les états nobles de l'esprit peuvent s'étendre à l'infini. C'est un de nos enseignements fondamentaux.

— Et l'esprit peut se transformer ?

— Il le peut et il le doit. Il peut se débarrasser des impuretés qui le contaminent et s'élever jusqu'au plus haut niveau. Nous avons tous au départ les mêmes capacités, mais certains les développent, et d'autres non. Nous nous habituons très facilement à la paresse de l'esprit, d'autant plus facilement que cette paresse se dissimule sous une apparence d'activité : nous courons à droite et à gauche, nous calculons, nous téléphonons. Mais ces activités ne mettent en œuvre que les niveaux les plus élémentaires et les plus grossiers de l'esprit. Elles nous cachent l'essentiel.

— Pourquoi l'esprit est-il lié au corps ?

— Parce que tout ce qui change doit avoir une substance. Quand nous parlons de l'esprit, nous savons bien qu'on ne peut ni le voir, ni le mesurer. Il a besoin de notre forme substantielle, laquelle nous vient de nos parents, en suivant les lois de l'hérédité. Cette substance est commandée par les chromosomes, je crois. L'esprit représente l'énergie subtile et insaisissable, qui prend le corps comme substance. À son plus haut niveau, comme je l'ai dit, cet esprit ne peut pas disparaître. Il est alors considéré comme une forme de sagesse. Il est le maître intérieur, le suprême guru. Il a transgressé l'espace et le temps.

Je me rappelle à ce propos une histoire chinoise connue, qui n'a pas échappé à Borges[1]. Le Bouddha dit un jour au singe, animal réputé rusé et intelligent :

— Faisons un pari. Si d'un bond tu peux sortir de la paume de ma main, je te donnerai le trône de l'empereur de Jade.

Le singe rassembla toute sa force et fit un bond immense. On le perdit de vue. Il retomba dans un endroit où s'élevaient cinq piliers roses et se crut parvenu aux limites de l'univers. Alors il arracha un de ses poils, le trempa dans l'encre et inscrivit à la base du pilier central : *Le Grand Sage, celui dont la connaissance est aussi vaste que le ciel, est parvenu jusqu'ici.* D'un autre bond, il revint à son point de départ et dit au Bouddha :

— J'ai sauté, je suis sorti de ta main, maintenant j'y suis revenu. Donne-moi le trône promis.

— Tu n'es pas sorti de la paume de ma main, lui répondit le Bouddha. Regarde-la bien.

Le singe baissa les yeux, regarda la paume de la main et, à la base du doigt majeur, il lut cette phrase : *Le Grand Sage, celui dont la connaissance est aussi vaste que le ciel, est parvenu jusqu'ici.*

Je demande à mon hôte :

— Et si un jour la science prouve que la réincarnation n'existe pas ?

— Si elle le prouve vraiment, nous devrons l'abandonner. Et nous le ferons. Mais pour l'instant, à nos yeux, la renaissance et la réincarnation sont la réalité, comme les atomes sont la réalité. Si certaines personnes

1. *Qu'est-ce que le bouddhisme ?*, Gallimard, *op. cit.*

ne croient pas que la renaissance est une réalité, nous qualifions leur attitude d'ignorance.

— Ce n'est donc pas une croyance ?

— Non. C'est un phénomène physique. Selon nos Écritures, des particules subtiles existaient dans l'espace avant le Big Bang. Elles sont toujours là. Ces particules spirituelles, qui constituaient des êtres, ont donné naissance au Big Bang. Pourquoi ? Comment ? Nous ne pouvons pas répondre.

— L'univers est éternel ?

— Un univers particulier peut exister et disparaître. Des cycles immenses peuvent se succéder. Mais l'univers dans son ensemble, l'univers-esprit, est toujours là.

Il montre un bouquet de fleurs posé dans la pièce et dit encore :

— La nature du Bouddha existe en toutes choses. Mais nous ne pouvons pas tout connaître. Ainsi, nous ne savons pas si ces fleurs peuvent éprouver du plaisir, de la peine.

Je lui raconte alors que, dans mon enfance, j'ai vu mon grand-père, petit paysan du midi de la France, planter dans un coin de son jardin deux plants de tomates semblables, dans la même terre. À chaque plant, il donnait chaque jour la même ration d'eau. Mais il s'attardait auprès du premier, le caressait, lui parlait avec amour, lui adressait mille compliments. Il n'accordait aucune parole, aucune attention au second.

— Chaque année, il nous montrait que le premier plant portait des tomates plus nombreuses et plus belles que le second. Est-ce que mon grand-père trichait ? Voulait-il se faire passer pour un sympathique sorcier ? Je ne l'ai jamais su.

— Il faudrait aller plus loin, me répond-il. Savoir par exemple si ces réactions viennent de la plante elle-même, ou de quelques êtres invisibles.

Cette poussière de bouddhas, cette extrême dissolution en toutes choses d'une qualité inaltérable, est un thème que le bouddhisme a illustré de mille façons, par la spéculation, par le graphisme de certains mandalas, par la poésie, par l'anecdote aussi. On raconte en Chine qu'un moine entra dans un temple et cracha sur une statue de Bouddha. Comme on lui en faisait reproche, il dit :

— Je vous en prie, montrez-moi un endroit où il n'y ait pas le Bouddha.

Le Dalaï-Lama reprend la parole et dit alors, comme une conclusion :

— Nous croyons qu'il existe une conscience subtile, et qu'elle est la source de tout ce que nous appelons la création. Dans chaque individu, cette conscience subtile demeure depuis le commencement des temps jusqu'à l'accès à la bouddhéité. C'est cela que nous appelons *être* (*being*). Cet être peut prendre différentes formes, êtres animaux, êtres humains et éventuellement bouddhas. Voilà la base même de la théorie des renaissances. L'esprit subtil, dans la longue suite des siècles, de forme en forme, cherche obligatoirement la bouddhéité. Quand il atteint chez un individu un haut degré de qualité, il choisit sa forme suivante. C'est cela la réincarnation.

Même si nos traditions, religieuses ou philosophiques, nous empêchent souvent d'adhérer à cette pensée, même si elle nous reste étrangère, même si nous manque, le plus souvent, l'expérience directe de la réincarnation, on ne peut qu'admirer la vraie grandeur de la vision. Je reviens un instant à l'adresse surréaliste de 1925, à cette « liberté de l'Esprit dans l'Esprit », espoir suprême. Le bouddhisme va aussi loin que possible dans sa recherche de la plus haute forme de ce mystère qu'est l'esprit. Pour reprendre le titre du poème chinois que j'ai déjà cité, le bouddhisme tout entier est une « inscription sur la confiance en l'esprit ». En refusant de l'anéantir, il est allé au-delà même du monde.

Une autre manière de parler de cet état de connaissance suprême, but de tout pratiquant bouddhiste, est l'expression, très mystérieuse à certains égards et remarquablement éloignée de nous, de *tathâgata*. Le mot signifie « celui qui arriva quelque part » ou « de quelque part », selon les interprétations, et s'applique à plusieurs grands personnages, parmi lesquels Çâkyamuni.

Nous pouvons essayer de l'approcher à partir du mot *tathâta*, qui signifie « le fait d'être tel ». Ce mot se traduit parfois, en anglais et en français, par des barbarismes comme « ainsité », ou « *suchness* ». Une fois de plus, les mots sont un frein et un masque.

Ce « fait d'être tel », c'est la simplification supérieure. L'esprit atteint une telle qualité qu'il s'oublie lui-même. Rien ne sépare l'être particulier de lui-même, ni des choses. Il est ainsi, il est cela. Il est assimilé au reste du monde, sans réflexion, sans doute et sans distance. Cette assimilation est naturelle. Celui qui en est le bénéficiaire peut même ne pas la remarquer.

Comme le disent de nombreux koans du bouddhisme zen, il suffit, pour atteindre la vérité suprême, de préparer correctement le thé, ou d'agiter un éventail quand il fait chaud. Des voyageurs rencontrent un vieillard qui se déplace, dans les eaux puissantes d'un torrent, avec une facilité qui étonne. Il saute de pierre en pierre et glisse dans les remous, dans les cataractes — là où aucun athlète de vingt ans ne se risquerait. Quand on lui demande son secret, il ne comprend pas la question. Il vit près de ce torrent depuis son enfance et n'y prête pas attention. Il est devenu le rocher glissant, l'eau qui tourbillonne. Il ne peut plus s'en distinguer.

En relisant mes notes, je constate que nous avons très rarement parlé des dieux : à peine quelques allusions fugitives. Le bouddhisme, et plus particulièrement le bouddhisme tibétain, a cependant reconnu et multiplié les formes divines, au point d'en compter plus encore que le brahmanisme. Les dieux sont groupés en sociétés et le Dalaï-Lama lui-même en énumère quelques-uns dans un de ses livres[1]. La distinction fondamentale s'établit entre les dieux « mondains », c'est-à-dire attachés aux formes du monde (le soleil, la lune, une source) et les dieux « extra-mondains », qui se sont détachés des formes sensibles. Ces deux catégories se divisent encore, et se subdivisent. Toutes ces divinités, dont les caractères dominants sont souvent hérités du brahmanisme, ne sont pas forcément bienveillantes. Certaines peuvent être redoutables, comme l'effrayante Marîci, qui se présente avec une tête de lionne et qui est l'épouse du roi des enfers. Une autre déesse, Lhamo, qui porte les attributs de l'indienne et très sanguinaire Durga, est au contraire compatissante et rassurante. Elle

1. Dans *Kindness, Clarity and Insight*, Snow Lion Publications, Ithaca, 1984, *op. cit.*, pp. 81 et 96.

nous soutient contre les démons, eux aussi multiples, confus.

Toutes ces images de divinités, ce brouillard de dieux, peut servir de support à la prière, à la méditation. À vrai dire cela vaut surtout pour les milieux les plus populaires. Au fur et à mesure que l'esprit s'élève dans sa perception de lui-même, regardant au-dedans au lieu de s'égarer au-dehors, il perçoit cette infinité de forces et de formes, pour reprendre une expression de Maurice Percheron, comme « les feux d'un unique diamant[1] ». L'unité peu à peu se révèle, cette unité qui est inconcevable, et qui pourtant peut être atteinte dans la haute subtilité de l'esprit.

Il semble que, s'adaptant avec souplesse au mouvement presque indiscernable des temps, le bouddhisme contemporain, à son niveau le plus épuré, abandonne lentement les notions et les formes anciennes, comme un voyageur qui se défait d'accessoires devenus superflus. Ainsi s'éloignent, mais sans hâte, sans reniement, sans révolution, les superstitions d'autrefois, les aventures mythologiques des dieux et déesses, les croyances inutiles et même obscures, tout ce qui pouvait passer pour surnaturel, c'est-à-dire pour extérieur.

À la place s'impose l'esprit, un esprit créateur, susceptible d'élévations et familier de l'éternité. Selon les enseignements les plus raffinés (et les plus difficiles) du tantrisme, cet esprit, débarrassé de tout bagage inutile, voit toute la vérité dans ce monde-ci et dans la perception que nous en avons. Inutile, comme s'y complaisait le Mahâyâna traditionnel, de chercher au-delà de ce monde, dans une forêt d'invisibles. Tout est ici. Notre

1. *Le Bouddha et le Bouddhisme, op. cit.*

effort doit tendre à rechercher la pureté de l'apparence, à voir les phénomènes — qui contiennent toute vérité — comme mis à nu, révélant leur vraie nature.

L'esprit devient ici sa propre machine, sa lumière et son miroir. Les divinités qu'on peut invoquer ont perdu toute existence détachée, ils ne sont que des expressions de la vraie nature de ce qui est. On peut aussi les considérer — ce qui n'est pas contradictoire — comme des prolongements de notre pensée

Ainsi que l'a écrit un maître tibétain, Chögyam Trungpa, ce travail de l'esprit est « une des perceptions les plus avancées, les plus aiguës et les plus extraordinaires jamais développées. Il est inhabituel et original. Il est puissant, magique et outrageant. Mais il est également extrêmement simple[1] ».

Reste à se demander — et les maîtres de la pensée bouddhiste n'y ont pas manqué — si l'esprit lui-même ne serait pas finalement une illusion, l'illusion suprême. Nous avons déjà évoqué cette mise en vertige de l'esprit par lui-même. Qu'il se nomme et qu'il s'analyse ne prouve en aucune manière son existence (contrairement au sentiment de Descartes). Il se pourrait bien qu'il ne soit qu'un des attributs du grand filet de la Mâyâ, ou même le filet tout entier, l'illusion qui nous enveloppe tous, ainsi que les dieux et peut-être même les bouddhas.

Mais ceci est une autre aventure. Tout en l'envisageant, car il faut tout envisager, le bouddhisme généralement la refuse. Hésitant depuis l'origine entre la tentation du jeu, qu'on pourrait appeler le jeu du néant, ce jeu où l'esprit, par son agilité même, finit par perdre

1. Cité dans *Pour comprendre le bouddhisme*, Robert Laffont, *op. cit.*

tout support et par avouer « je suis celui qui n'est pas », et la nécessité d'une morale quotidienne dans cette vie relative et souffrante que nous ne pouvons pas éviter, le bouddhisme revient toujours à cet aspect pratique, et même pragmatique. Il nous indique comment vivre. Et il rêve d'un domaine secret, où la lumière et le vide ont commencé, et finiront, par se confondre.

Et le vide pour finir

Les Écritures fondamentales de Mahâyâna constituent une centaine de volumes. Une partie de ces Écritures porte le nom de *Prajnapâramitâ.*

La *prajna* est cette qualité que nous avons en nous, qui généralement sommeille mais que nous pouvons réveiller. On traduit le plus souvent ce mot par « sagesse », ce qui semble inexact. Il s'agit plutôt d'une prédisposition à la sagesse et à l'éveil, que nous pouvons mettre en œuvre ou laisser dormir.

La *prajnapâramitâ* est l'accomplissement de la *prajna*, l'arrivée au bout du chemin. Une phrase, qu'on attribue au Bouddha lui-même et qu'on appelle la « grande délivrance », le « mantra sans pareil », dit ceci : « La forme n'est que vide, le vide n'est que forme. »

Ou bien, selon d'autres traductions : « Là où il y a la forme, il y a le vide, et là où il y a le vide, il y a la forme. »

Je demande à mon hôte :

— Puis-je espérer, un jour, comprendre ce mantra ?

Il rit d'abord très franchement. Puis il reconnaît que le vide, *sûnyatâ*, parmi les quatre notions bouddhistes fondamentales (les trois autres étant l'impermanence, l'absence d'ego et la souffrance), est certainement la plus mystérieuse, la plus difficile à saisir. Qu'est-ce donc que cet immense édifice d'expérience de la pensée qui ne s'ouvrirait à la fin que sur une absence de substance ? Quels seraient les fondements de cet édifice et de l'esprit qui l'a construit ? Si le vide est la seule réalité qui ne soit pas illusoire, qui échappe au filet de la Mâyâ, qui a tendu ce filet ? Peut-on vivre sur un vertige ? Imaginer un rêve sans rêveur ?

Le Dalaï-Lama me répond d'abord que le vide est une notion scientifique :

— Vous l'avez dit vous-même. Nous sommes vides, la matière qui nous compose est pour ainsi dire vide.

— C'est vrai, le noyau de chaque atome, si on peut encore parler de dimensions à cette échelle, est infime par rapport à l'atome lui-même. Un grain de riz, nous l'avons dit, sous le dôme de la basilique Saint-Pierre. Et de même pour l'univers. Si toute la matière nucléaire des milliards et milliards de galaxies se dispersait dans l'étendue de l'univers, la densité de cette matière serait réduite à presque rien. Quelques particules par mètre cube. Imperceptible.

— Vous voyez bien.

— Mais je suppose que la conception bouddhiste du vide n'avait pas, pour Nâgarjunâ, un point de départ scientifique ?

— Et pourquoi pas ? Il y a plusieurs chemins qui mènent à la connaissance. Et quelquefois ils se rencontrent.

— Peut-on parler du vide sans parler dans le vide ?

— Je crois. Et d'abord il faut préciser que le mot « vide » ne veut pas dire « néant ». C'est à tort que certains commentateurs ont accusé le bouddhisme de « nihilisme ». Le monde, dont nous faisons partie, n'est pas un être en soi, ni un ensemble d'êtres. Il est une fluidité. Un courant d'états. Cela ne signifie pas qu'il n'est rien.

— Dire « je ne suis pas » ne signifie pas « je suis rien ».

— En aucune manière. Et cela s'explique ainsi : toutes choses dépendent des autres choses. Rien n'existe séparément. Je crois d'ailleurs que sur ce point la science contemporaine s'avance sur le même chemin que nous.

— Je le crois aussi. Elle met plus souvent l'accent sur les relations entre les phénomènes, que sur les phénomènes eux-mêmes.

— Nous disons ceci : à cause de toutes les influences qu'elles reçoivent, les choses apparaissent, existent et disparaissent. Incessamment.

— En un flot continu.

— Mais elles n'existent jamais par elles-mêmes. Cette main, par exemple...

Il ouvre sa main, paume en l'air, et la place sous mes yeux.

— Elle donne une impression de solidité, de cohérence. Elle offre aux regards une forme précise. Elle a toutes les apparences d'une entité.

Il touche maintenant les différentes parties de sa main, la paume, puis les doigts, puis les phalanges.

— Mais si je m'interroge sérieusement, si je me demande : au fond c'est quoi, ma main ? C'est ce doigt ? C'est cette partie du doigt ? Non, je ne peux que répondre : mon doigt est mon doigt, il n'est pas ma main. Mais à son tour est-il un ensemble de phalanges ? Non, puisque je peux le décomposer en phalanges et n'étudier, ne regarder, ne nommer que chacune de ces phalanges.

— Pourquoi d'ailleurs s'arrêter aux phalanges ?

— Naturellement ! Je peux descendre de plus en plus profondément à l'intérieur de cette matière qui est là sans jamais rencontrer réellement *ma main.*

— Cependant, vous vous servez de votre main.

— Elle est là pour ça. Et je m'en satisfais très bien. Cette combinaison d'éléments divers, qui chacun se décompose et qui tous s'assemblent, nous l'appelons « une main ». C'est très simple. Nous la désignons ainsi par un travail familier de l'esprit. C'est ce que nous appelons la réalité relative.

— Qui dépend d'autres éléments qu'elle-même ?

— Exactement. Car rien n'existe sans une cause. La nature profonde de cette main est d'appartenir à tout un réseau d'influences, dont aucune n'est durable.

— C'est pourquoi cette main cessera un jour d'être votre main.

— Elle ne l'aura été que pendant un moment très bref, si on la compare à l'âge du monde. Un moment fuyant, presque insaisissable. Nous sommes tous persuadés que nous vivons indépendamment les uns des autres, que cette main, que cette feuille de papier ont une existence séparée.

— Notre esprit a besoin de séparer et de nommer. Il ne peut pas se contenter d'une vision complexe et confuse du monde.

— Vision complexe qu'il faut pourtant admettre et essayer d'atteindre. Sans cela nous choisissons de demeurer dans l'illusion. Si chaque être vivant, si chaque objet jouissait d'une existence indépendante, aucun autre facteur ne pourrait l'influencer. Les relations dont vous parlez n'existeraient pas. Or, nous voyons que ces influences, que ces relations sont multiples et incessantes.

— Cette absence d'existence indépendante, c'est donc cela que vous appelez « vide » ?

— Précisément. La forme est donc « vide », c'est-à-dire non séparée, non indépendante. Cette forme dépend d'une multitude d'autres facteurs. Elle est la réalité relative.

— Et pourquoi le vide est-il forme ?

— Parce que toute forme se développe dans ce vide, dans cette absence d'existence indépendante. Le vide n'est là que pour conduire à la forme. Il ne peut pas en être autrement. Le vide sans la forme n'a pas de sens.

Ainsi la feuille de papier était vide. Vide, c'est-à-dire pleine. Pleine de tout le cosmos.

Dans la tradition tantrique du Vajrayâna, du Véhicule de diamant, on voit même disparaître la distinction entre réalité absolue et réalité relative, entre le « non-né » et le « né », ou si l'on veut l'essence et l'existence. La vérité définitive et indépassable peut nous être donnée dans le monde des sens, par la technique qui s'appelle de « vision pure ». Elle rejoint le *tathâta*, l'évidence. Les phénomènes cessent d'apparaître comme phénomènes, à vrai dire le problème de l'ignorance et de la distinction ne se pose plus, tout nous est donné par cette perception supérieure, rien n'est à chercher au-delà.

L'unité s'impose. Elle est éclatante. Rien ne sépare alors le vide et la lumière.

Nous en venons — et c'est presque inévitable — à cette notion délicate de « virtualité » qui, depuis une dizaine d'années, se glisse et même s'installe peu à peu dans l'expression scientifique, en même temps qu'elle envahit les nouvelles fabriques d'images.

Refusant d'admettre la création d'un monde à partir de rien, *ex nihilo*, car dans ce cas le physicien n'aurait strictement rien à dire devant l'absence de matière, certains scientifiques contemporains parmi les plus hardis, comme Michel Cassé, parlent d'un « courage devant le zéro[1] » et refusent tout simplement le néant. Ils distinguent nettement le vide métaphysique, ou néant, pure conception de l'esprit, du vide quantique, qu'ils voient peuplé d'une infinité de *virtualités*.

Ce vide n'est pas rien. Il suppose l'existence d'un champ, mais ce champ nous échappe, il n'est pas détectable. Nous pouvons en voir les effets, car il relie entre elles les particules réelles, et même il nous semble agité, mais nous ne pouvons pas l'observer. C'est pourquoi nous l'appelons vide, alors qu'il est plein. Plein des virtualités de la matière.

Pour parvenir à l'existence apparente, les conjonctions de particules virtuelles n'attendent qu'une mise en énergie, et le fait même de les observer peut jouer un rôle déterminant. Nous sommes ici très près de l'absence de dualité — entre l'observant et l'observé — maintes fois répétée dans l'histoire de l'hindouisme et du bouddhisme. « À jamais inséparable de la chose qui voit est la chose qui est vue », disait ainsi, au XVIe siècle, Kün Khyèn Péma Karpo.

Michel Cassé, astrophysicien, va jusqu'à dire que « la connaissance de *l'état du vide* est devenue une condition nécessaire de l'édification d'un modèle cohérent de nature ». Il voit ce vide comme « une chose

1. Michel Cassé, *Vide et Création*, Odile Jacob, 1993, *op. cit.*

pleine et avec un destin » et le place « au sommet cosmique et logique du discours des origines ». Il écrit même, vers la fin de son livre : « Être dans le vide, c'est être chez soi. »

Aucun enseignant bouddhiste n'y trouverait à redire.

Assez rares sont les physiciens, pour le moment, qui s'aventurent dans ces territoires. La plupart préfèrent s'en tenir à la matière telle qu'elle nous apparaît. Et cette matière semble garder à leurs yeux le sens traditionnel qui était le sien : quelque chose de solide, de pesant, pour tout dire quelque chose de plein. Le Big Bang leur semble la limite stricte au-delà de laquelle rien ne peut être dit, ni pensé, ni imaginé. Il est vrai qu'il est difficile de considérer la matière comme du vide, comme s'étant peu à peu, après des siècles d'observation, pratiquement dématérialisée.

C'est ici peut-être que la souplesse du bouddhisme peut nous aider à accepter ce que nous avons nous-mêmes découvert, et que les mots usuels nous empêchent de dire.

Cependant le Dalaï-Lama me fait remarquer :

— Lorsque nous avons désigné les choses, nous pouvons dire qu'elles dépendent de notre esprit. Ainsi le Big Bang, comme la matière, dépend peut-être de notre esprit.

— Et même d'un besoin de notre esprit.

— Il fait donc ainsi partie de la réalité relative. Nous l'appelons aujourd'hui le Big Bang. Demain nous lui donnerons sans doute un autre nom. Ne nous laissons pas emprisonner par des concepts formulés par des mots. Les uns et les autres sont éphémères. Acceptons le vide avec le sourire et, puisque tout dépend de notre esprit, faisons confiance à notre esprit.

Il me rappelle que cette confiance, évidemment, ne doit pas être aveugle. Le bouddhisme dispose à cet égard d'un immense arsenal de précautions pour défendre l'esprit contre l'esprit, et pour l'amener à son propre sommet. La démarche suprême conduit à la disparition de cet esprit, des démons, du Bouddha lui-même. Le vide est le grand but. Quand la vérité ultime est atteinte, a chanté Milarepa,

Il n'y a pas de méditant, pas d'objet à méditer,
Il n'y a pas de signes d'accomplissement,
Pas d'étapes ni de voie à parcourir,
Pas de sagesse ultime, pas de corps de Bouddha.
Aussi le nirvâna n'existe-t-il pas.
Tout cela n'est que mots, façons de dire[1].

Cette disparition, idéalement souhaitée, cet accès à la plénitude du vide, inutile de prétendre commencer par là. La proclamerions-nous d'abord, elle ne nous mènerait qu'au découragement solitaire, fruit du nihilisme, ou à la violence désordonnée de l'égoïsme : puisque rien n'existe, puisque je ne suis contrôlé par aucune autorité supérieure, pourquoi ne pas m'abandonner à mes instincts les plus accapareurs ?

Une chose ne peut pas être mise en doute, me dit pour finir le Dalaï-Lama : nous avons tous en nous-mêmes une qualité qui ne demande qu'à être révélée. Cela s'appelle la *prajna*. Nous pouvons tout nier, sauf cette possibilité que nous avons d'être meilleurs.

— Réfléchissons simplement là-dessus.

1. Milarepa, *les Cent Mille Chants*, traduit du tibétain par Marie-José Lamothe, Fayard, « L'espace intérieur », 1989.

Il me saisit les deux mains et les tient longuement dans les siennes.

Il me regarde en souriant.

Comme toute conversation, celle-ci nous conduit au silence.

Rappel de quelques livres

Parmi les ouvrages du Dalaï-Lama lui-même, je cite d'abord ses mémoires, publiés en France sous le titre *Au loin la liberté* (Fayard, 1990).

J'ai également consulté, et parfois cité, *Enseignements essentiels* (Albin Michel, 1976), *la Méditation au quotidien* (Olizane, Genève, 1991), et *Kindness, Clarity and Insight* (Snow Lion, New York, 1984).

Il a également accordé deux séries d'entretiens, l'une à Claude B. Levenson, *Ainsi parle le Dalaï-Lama* (Balland, 1990) et *The Bodhgaya Interviews* (Snow Lion, New York, 1988). D'autres textes de conférences et de discussions ont été publiés sous le titre *Au-delà des dogmes* chez Albin Michel (collection « Spiritualités vivantes », 1994).

Plusieurs brochures précisent certains points, en particulier *Communauté globale et Nécessité de la responsabilité universelle* (Olizane, 1990), *A Human Approach to World Peace* (Wisdom Publications, London, 1984), *Compassion and the Individual* (Thekchen Choeling, 1991) et le *Discours d'Oslo*, prononcé à l'occasion de la réception du prix Nobel (Comité de soutien au peuple tibétain, Paris, 1989).

On peut également consulter la brochure intitulée *Visite du Dalaï-Lama en France*, publiée en 1993 par le Bureau du Tibet à Paris, ainsi que *Tibet, Proving Truth from Facts*, une mise au point politique publiée en 1993, à Dharamsala, et *Mon pays et mon peuple* (éditions Olizane).

Le Dalaï-Lama a également écrit plusieurs préfaces, en particulier pour *le Livre tibétain de la vie et de la mort*, de Sogyal Rinpoché (La Table Ronde, 1992). Le *Bardo Thödol, Livre des morts tibétains*, avait déjà été publié en français, dans une traduction de Marguerite La Fuente, avec une préface de Jacques Bacot et un commentaire psychologique de Carl Gustav Jung (Maisonneuve, 1933, 1987).

J'ajoute plusieurs livres qui m'ont été utiles, et d'abord un recueil de textes rassemblés et commentés par Samuel Bercholz et Sherab Chödzin Kohn sous le titre *Pour comprendre le bouddhisme* (Robert Laffont, 1993).

Parmi les ouvrages de base, il faut d'abord citer l'*Inde classique*, de Louis Renou et Jean Filliozat, et surtout le tome II, publié à Hanoi en 1953. Les noms de Paul Demiéville, Olivier Lacombe et Pierre Meile sont à ajouter à ceux des auteurs de cette somme indispensable, récemment republiée chez Payot.

Je citerai également le *Dictionnaire de la civilisation indienne*, de Louis Frédéric (Robert Laffont, « Bouquins », 1987) et le *Dictionnaire du Bouddhisme*, avec une préface de Daisaki Ikéda (Éditions du Rocher, 1983). J'ai également consulté *le Bouddha et le Bouddhisme* de Maurice Percheron (Le Seuil, Maîtres spirituels, 1956) et *l'Enseignement du Bouddha d'après les textes les plus anciens*, de Walpola Rahula (Le Seuil, « Sagesses », 1961), ainsi que *le Bouddhisme* de Joseph Masson (Desclée de Brouwer, 1975) et *les Fondements de la mystique tibétaine*, de Lama Anagarika Govinda, dans une traduction de Charles Andrieu (Albin Michel, 1960). Chez le même éditeur, Roland Barraux a publié une *Histoire des dalaï-lamas*.

Parmi les recueils de textes, outre les écritures classiques, je citerai un des grands classiques du Mahâyâna, le *Bodhisattvacharyavatara*, de Shantideva, disponible en français sous le titre *Vivre en héros pour l'éveil*, traduit par Georges Driessens (Le Seuil, « Sagesses », 1993). *La Parole du Bouddha*, de Nyânatiloka, résumé ordonné de la doctrine, a paru chez Maisonneuve dans une traduction de Marguerite La Fuente, ainsi que les *Légendes bouddhistes et Djainas*, traduites du tamoul par Julien Vinson. *Les Fleurs de Bouddha* est une anthologie de textes choisis, et présentée par Pierre Crépon, parue chez Albin Michel, en 1991.

Milinda-pañha, les questions de Milinda, autre ouvrage de référence, traduit du pâli par Louis Finot, se trouve chez Gallimard (« Connaissance de l'Orient »).

On peut y ajouter les deux volumes de *Littérature populaire tibétaine*, présentés par A. W. Macdonald (Klincksieck, 1972), le *Sûtra du lotus blanc de la loi merveilleuse*, adapté par Louis Chédel (Dervy-Livres, 1975) et les trois volumes de Milarepa, *les Cent Mille Chants*, traduits par Marie-José Lamothe (Fayard, 1986). Quant à la biographie intitulée *Milarepa*, traduite par Jacques Bacot, on la trouve également chez Fayard.

Je cite enfin le petit livre où ont été rassemblées des conférences de Jorge Luis Borges sous le titre *Qu'est-ce que le bouddhisme* ? (Gallimard, « Idées », 1976) et *Esprit zen, esprit neuf*, de Shunryu Suzuki (Le Seuil, « Sagesses », 1977). On trouve aussi d'excellents commentaires sur le Mahâyâna dans *le Bouddhisme zen*, de Alan W. Watts, Payot, 1982. Ces titres ne constituent en aucune manière une bibliographie exhaustive. Ils ne servent que de points de repères, ayant accompagné ma préparation aux entretiens, et les entretiens eux-mêmes.

Paris, juin 1994.

Pour toutes les activités culturelles concernant le Tibet,
vous pouvez prendre contact avec le Bureau du Tibet,
84, bd Adolphe-Pinard, 75014 Paris.
Tél. : (1) 46 56 54 53
ou service Audiotel au 36 68 88 66.

Table des matières

Collection
AIDER LA VIE

Parus dans la collection
« AIDER LA VIE »

Kofi Yamgnane
Droits et devoirs... et crocodile,
1992.

Du crocodile, animal totem des Bassars, la tribu dont il est issu, l'auteur a appris que nous avons autant de devoirs que de droits. Un récit porté par le charisme et la force d'âme d'un homme qui s'est entièrement dévoué à la cause des autres.

Abbé Pierre, Bernard Kouchner
Dieu et les Hommes,
1993.

Les deux hommes les plus populaires de France parlent de Dieu, de la célébrité, de l'illégalité et de l'indiscipline, de la bombe démographique, de la souffrance et de la mort, du droit d'ingérence...

Martin Gray
Vivre debout,
1993.

Pour nous aider à répondre aux questions d'un monde en mutation, l'auteur de *Au nom de tous les miens* nous incite à trouver en nous-mêmes les moyens de faire face : penser, agir, créer, vivre passionnément. Une véritable leçon de vie.

Laurence Ink
Il suffit d'y croire,
1994.

Une jeune Parisienne révoltée découvre la sauvagerie des terres vierges du Québec. Aventure terrienne : l'apprentissage de la forêt, de la faune et de la solitude. Aventure intérieure aussi vers la sérénité, l'authenticité, et message d'espoir. Un grand livre de nature.

Alexandre Minkowski
Le vieil homme et l'amour,
Donner sa chance à chaque enfant du monde
1994.

Conseiller scientifique de l'Association Partage avec les enfants du monde, le grand spécialiste de la néonatalogie parcourt depuis des années la planète souffrante pour mettre en place des équipes de psychiatres et de psychologues pour aider les enfants victimes de toutes les détresses. Un livre-message, qui n'oublie pas les nécessités du cœur.

Composition réalisée par Graphic-Hainaut
Achevé d'imprimer en février 1995
sur presse CAMERON
dans les ateliers de B.C.I.
à Saint-Amand-Montrond (Cher)

N° d'Édition : 36099. N° d'Impression : 4/128.
Dépôt légal : décembre 1994.
Imprimé en France